essentials

essentials liefern aktuelles Wissen in konzentrierter Form. Die Essenz dessen, worauf es als „State-of-the-Art" in der gegenwärtigen Fachdiskussion oder in der Praxis ankommt. *essentials* informieren schnell, unkompliziert und verständlich

- als Einführung in ein aktuelles Thema aus Ihrem Fachgebiet
- als Einstieg in ein für Sie noch unbekanntes Themenfelda
- als Einblick, um zum Thema mitreden zu können

Die Bücher in elektronischer und gedruckter Form bringen das Fachwissen von Springerautor*innen kompakt zur Darstellung. Sie sind besonders für die Nutzung als eBook auf Tablet-PCs, eBook-Readern und Smartphones geeignet. *essentials* sind Wissensbausteine aus den Wirtschafts-, Sozial- und Geisteswissenschaften, aus Technik und Naturwissenschaften sowie aus Medizin, Psychologie und Gesundheitsberufen. Von renommierten Autor*innen aller Springer-Verlagsmarken.

Weitere Bände in der Reihe http://www.springer.com/series/13088

Norbert Franck

Gekonnt texten

Treffende Wortwahl
Klarer Satzbau
Überzeugende Texte

 Springer VS

Norbert Franck
Berlin, Deutschland

ISSN 2197-6708   ISSN 2197-6716 (electronic)
essentials
ISBN 978-3-658-33475-8   ISBN 978-3-658-33476-5 (eBook)
https://doi.org/10.1007/978-3-658-33476-5

Die Deutsche Nationalbibliothek verzeichnet diese Publikation in der Deutschen Nationalbibliografie; detaillierte bibliografische Daten sind im Internet über http://dnb.d-nb.de abrufbar.

Planung/Lektorat: Barbara Emig-Roller
Springer VS ist ein Imprint der eingetragenen Gesellschaft Springer Fachmedien Wiesbaden GmbH und ist ein Teil von Springer Nature.
Die Anschrift der Gesellschaft ist: Abraham-Lincoln-Str. 46, 65189 Wiesbaden, Germany

Was Sie in diesem *essential* finden können

Schreiben heißt sich zeigen. Wie Sie sich von Ihrer besten Seite zeigen können, vermittelt dieses *Essential*. Sie erfahren, wie Sie

- so verständlich, anschaulich schreiben, dass Leserinnen und Leser Ihre Texte verstehen, interessant, überzeugend und anregend finden;
- Texte professionell umschreiben, weil nur umgeschriebene Texte gute Texte sind,
- Texte so kürzen, dass sie gewinnen und gerne gelesen werden;
- Texte klar gliedern und aufmerksamkeitsstark beginnen;
- adressatengerechte Online-Texte, Pressemitteilungen, Briefe und E-Mails texten;
- gekonnt fürs Reden schreiben.

Und Sie bekommen anwendungsorientierte Antworten auf wichtige Fragen rings ums Texten.

Schreiben macht Arbeit. Dieser Band zeigt Schritte hin zu *lohnender* Arbeit – zu Texten, die auch Sie erfreuen.

Inhaltsverzeichnis

Einleitung 1

„Wer schreibt", so ein bekanntes Sprichwort, „bleibt" in Erinnerung. In guter? Wer schreibt, macht Eindruck. Welchen? Schreiben heißt *sich zeigen*. Was ist notwendig, um sich von der *besten Seite* zu zeigen, einen *guten* Eindruck zu machen und in *guter* Erinnerung zu bleiben?

Viele schreiben nicht gerne. Viele schieben zum Beispiel den Brief an einen Kunden vor sich her oder bringen den Monatsbericht für den Vorstand auf den letzten Drücker zu Papier. Und so lesen sich viele Briefe und Berichte. Der Kunde ist verstimmt und die Vorstandsmitglieder sind nicht begeistert. Das kann ins Geld gehen oder die Karriere gefährden.

Schreibaversion ist nicht verwunderlich: Wir lernen zwar Schreiben, aber weder in der Schule noch an der Hochschule lernt man, gekonnt zu texten. Diese Schlüsselkompetenz wird in allen Ausbildungsgängen vernachlässigt, obwohl Schreiben in vielen Berufen viel Zeit einnimmt. Obwohl die Anforderungen an Texte gestiegen sind. Denn je größer die Menge an Informationen, die uns zur Verfügung steht, je mehr E-Briefkästen überquellen und je mehr Online-News uns umstellen, desto schärfer wird die Konkurrenz um zwei knappe Güter: Zeit und Aufmerksamkeit. Je mehr Menschen mit dem Problem kämpfen, aus der Fülle von Informationen die wichtigen und nützlichen zu filtern, desto besser müssen Texte sein, die beachtet werden sollen. Papier und Bildschirme sind geduldig. Leserinnen und Leser von Sachtexten meist nicht. Gestelzte Texte, Wort hülsen und verschachtelte Sätze wecken kein Interesse und landen im (virtuellen) Papierkorb. Kompliziertdeutsch wird weggeklickt.

Was ist notwendig, um gute Texte aufs Papier oder auf den Bildschirm zu bringen? Drei Einsichten und Handwerk.

© Der/die Autor(en), exklusiv lizenziert durch Springer Fachmedien Wiesbaden GmbH, ein Teil von Springer Nature 2021
N. Franck, *Gekonnt texten, essentials*,
https://doi.org/10.1007/978-3-658-33476-5_1

Die Einsichten:

1. *Gekonnt Texten lernt man durch Texten.* Gekonnt Texten ist kein Mysterium, sondern das Ergebnis von Übung. Truman Capote meinte in seinem Porträt von Jane Bowles, Schreiben sei „die härteste Arbeit, die es gibt." Er übertrieb.
2. *Schreiben ist schreiben für andere.* Deshalb kommt es darauf an, die potenziellen Leserinnen und Leser vor Augen zu haben: Wie muss ich schreiben, damit sie meinen Text verstehen und ihn interessant, überzeugend oder anregend finden? Allgemeiner: Was kann ich tun, damit sie meinen Text lesen?
3. *Gute Texte sind umgeschriebene Texte.* Von Hemingway stammt der Hinweis, dass „der erste Entwurf immer Makulatur" ist. Profis wissen das – und schreiben einen ersten (und zweiten) Entwurf, aus dem sie einen guten Text zuwege bringen. Diese Profi-Haltung hilft, sich gelassen ans Schreiben zu machen. Es beruhigt zu wissen: Die erste (und zweite oder dritte) Fassung kann verbessert werden.

Gute Sachtexte sind keine Kunst. Gute Sachtexte sind Handwerk. Mit der Kunst, mit Prosa und Lyrik, haben Sie eine Anforderung gemeinsam: die Leserinnen nicht langweilen.

Gute Sachtexte werden ohne große Mühe verstanden; sie schrecken nicht ab, sondern überzeugen Kunden, binden Spenderinnen, erfreuen Kollegen und beeindrucken Vorgesetzte – weil sie *verständlich,* nicht *langweilig* und *klar gegliedert* sind, weil sie *keine unnötige Lesearbeit* machen. Kurz: Gute Texte sind freundlich – lesefreundlich.

Gute Texte sind Türöffner. Ich stelle Ihnen das Handwerkszeug für gute Texte vor. Ich zeige, wie verständliche und präzise Texte gelingen. „Im Anfang war das Wort". Heißt es im Johannes-Evangelium. Die kleinste Texteinheit trägt maßgeblich zum Gelingen eines Textes bei. Um sie geht es im zweiten Kapitel.

Aus Wörtern werden Sätze. Ich zeige im dritten Kapitel, wie Sie ohne großen Aufwand vernünftige Sätze bauen können. Die gute Nachricht vorweg: Lediglich fünf Gesichtspunkte sind zu beachten.

Im vierten Kapitel stehen unterschiedliche Textformen im Mittelpunkt: Welche Anforderungen müssen Onlinetexte oder Informationen für die Presse erfüllen? Was macht gelungene Korrespondenz aus, gleich ob Brief oder E-Mail?

Antworten auf die Frage, was darüber hinaus zu wissen und zu können lohnt, finden Sie im letzten Kapitel.

Jeder Text macht Arbeit – die sich lohnen sollte. Das Handwerkszeug, das ich Ihnen auf den nächsten Seiten vorstelle, erspart Ihnen viel Frust beim Schreiben. Und beim Lesen Ihrer Texte. *Sie sind Ihre erste Leserin bzw. ihr erster Leser. Machen Sie sich eine Freude mit guten Texten.*

Treffende Worte finden: Wortwahl 2

Sie müssen nicht jedes Wort auf die Goldwaage legen, wenn Sie gute Texte schreiben wollen. Sie müssen in Ihrem Schreiballtag kein geflügeltes Wort zu Papier bringen oder in Gottes Ohr vordringen. Sie sollten sich jedoch Wort für Wort Mühe geben beim Texten – nicht viele Worte machen, sondern treffende Worte finden.

Joseph Pulitzer, nach dem der renommierteste Journalistenpreis benannt ist, hat dafür eine gute Leitlinie formuliert: „Was immer du schreibst, schreibe kurz", und die Menschen werden es lesen. „Schreibe klar, und sie werden es verstehen. Schreibe bildhaft, und sie werden es im Gedächtnis behalten." Kurz, klar und anschaulich: die Themen auf den folgenden Seiten.

2.1 Das kurze Wort – Kurz ist gut. Was gestrichen ist, kann nicht durchfallen

Kurz ist gut. Und, so Kurt Tucholsky in seinen *Ratschlägen für einen schlechten Redner*, „was gestrichen ist, kann nicht durchfallen". Wenn Sie sich bei der Wortwahl an diesen beiden Sätzen orientieren, sind Sie auf dem Weg zu guten Texten.

Kurz ist gut
Kurz ist aus drei Gründen gut:

1. Das kurze Wort ist meist das verständlichere und anschaulichere.
2. Wenn Sie sich für kurze Wörter entscheiden, haben Sie weniger Schreibarbeit. Die gesparte Schreibzeit können Sie für eine aufmerksamkeitsstarke Formulierung oder eine interessante Information nutzen.
3. Leserinnen müssen weniger lesen. Das wissen die meisten Leser zu schätzen.

© Der/die Autor(en), exklusiv lizenziert durch Springer Fachmedien Wiesbaden GmbH, ein Teil von Springer Nature 2021
N. Franck, *Gekonnt texten*, essentials,
https://doi.org/10.1007/978-3-658-33476-5_2

Keine Blähwörter entschlüpfen lassen
Manches Problem ist nicht einfach zu lösen. Deshalb muss man es jedoch nicht zur *Problematik* aufblähen. Es muss nicht die *Zielprojektion* sein, wenn ein Ziel verfolgt wird. Solche Blähwörter machen einen Text nicht „anspruchsvoll". Sie sind kein Signal für „Bildung", sondern Verständnis-Blocker, die Texte steif und umständlich machen. Blähen Sie deshalb ein Thema nicht zum *Themenkomplex* auf und ein Konzept nicht zur *Konzeption,* die Antwort nicht zur *Rückantwort,* die Erinnerung nicht zur *Rückerinnerung* und Kosten nicht zu *Unkosten.*

Und es muss nicht *zum heutigen* oder *zu einem späteren Zeitpunkt* sein: *heute* bzw. *später* reicht. Niemand braucht sich Sorgen zu machen, ob die *Realisierbarkeit* eines Projekts von der *Kostenseite* her gesichert ist. Die Stirn sollte sich erst dann in Falten legen, wenn das Projekt nicht *verwirklicht* (umgesetzt, realisiert, angepackt) werden kann, weil es *zu viel kostet* (zu teuer ist).

Ist der Bau eines Hauses *von der Kostenseite her gesehen nicht in Erwägung zu ziehen,* wird man vielleicht ein Haus *an*mieten. Ist ein Hausbau zu teuer, wird man vielleicht ein Haus mieten – und das Verb nicht mit der Vorsilbe *an* aufblähen. Sie können getrost verzichten auf

- *ab*ändern und *ab*klären – weil *ändern* und *klären* reicht
- *an*kaufen und *an*liefern weil – *kaufen* und liefern genügt
- *auf*zeigen – weil *zeigen* (oder beweisen, belegen) weniger hölzern ist.

Impfen hilft. *Ver*impfen muss nicht sein. Sie brauchen sich auch keine Gedanken zu machen, ob es *an* oder *zu* Weihnachten heißt. Schreiben Sie kurz und elegant: „Weihnachten bin ich zu Hause."

Silbenschleppzüge abhängen
Angela Merkel warnte während der ersten *Corona*-Welle vor „Lockerungsdiskussionsorgien". Die Formulierung illustriert die unerschöpfliche Möglichkeit der deutschen Sprache, Hauptwörter miteinander zu verbinden. Viele nutzen diese Möglichkeit, Silbenschleppzüge auf den Weg zu bringen: Sie entwickeln *Finanzmarktstabilisierungsprogramme,* plädieren für einen *Provenienzforschungsförderungstopf* und eine *Schieneninfrastrukturausbaubeschleunigung oder* erlassen eine *Pflanzenschutzanwendungsverordnung.*

Mark Twain: „Manche deutschen Wörter sind so lang, dass man sie nur aus der Ferne ganz sehen kann." Das Ergebnis sind schwergängige Texte. Silbenschleppzüge haben nicht den Charme englischer Wortkombinationen wie *Frankenfood* für scheußliches Essen, sondern sind überwiegend leblos und schwer zu verstehen. Deshalb: Subventionen abbauen (statt Subventionsabbau), Kosten reduzieren (statt Kostenreduktion) usw.

Sind Silbenschleppzüge wie *Reisekostenabrechnung* nicht zu vermeiden, sollte man darauf achten, diese Abrechnung nicht mit weiteren Wortmonstern zu umstellen, einen *Reisekostenabrechnungsfehler* zu machen.

Nicht alle Komposita sind unanschaulich. *Kummerspeck* zum Beispiel oder *Silbenschleppzug*. Das Fachwort *Komposita* kennen viele nicht und *Wortzusammensetzung* ist länger und weniger griffig.

Genießen Sie in Essays, Romanen und Erzählungen die Möglichkeit, Substantive miteinander zu verknüpfen. Zum Beispiel zum „Nasenflügelbeben" (Ringelnatz). In Sachtexten sollten Silbenschleppzüge die Ausnahme sein.

Was gestrichen ist, kann nicht durchfallen
Kurz, klar und verständlich schreiben, heißt vor allem: Die Leserinnen nicht mit überflüssigem Wortballast belästigen, den Lesern keine unnötige Lesearbeit zumuten – wie in folgender Ankündigung einer norddeutschen Volkshochschule:

„Der Themenkomplex der Nachhaltigkeit ist spätestens seit Fridays for Future Dreh- und Angelpunkt der gesellschaftspolitischen Auseinandersetzung. Auch im Programm der Akademie werden wir 2021 einen thematischen Schwerpunkt auf Nachhaltigkeitsthemen legen."

Themen kommen ohne *Komplex,* die Nachhaltigkeit ohne *Themen* aus. Murks ist der *thematische* Schwerpunkt auf *Themen.* Und es kann gleich mit *Nachhaltigkeit* losgehen:

Nachhaltigkeit ist spätestens seit *Fridays for Future* Dreh- und Angelpunkt der gesellschaftspolitischen Auseinandersetzung. Auch im Programm der Akademie werden wir 2021 einen Schwerpunkt auf Nachhaltigkeit legen.

216 statt 258 Zeichen. Ich ersetze noch *Dreh- und Angelpunkt* und streiche *im Programm* und *werden:*

Nachhaltigkeit steht spätestens seit *Fridays for Future* im Zentrum gesellschaftspolitischer Auseinandersetzungen. Nachhaltigkeit wird 2021 auch in der Akademie ein Schwerpunkt sein. (183 Zeichen)

Ergebnisse wurden immer erzielt (oder erreicht) und Störungen sind immer aufgetreten, sonst wären sie nicht da. Deshalb ist *erzielt* vor Ergebnisse und *aufgetreten* vor Störungen überflüssig. Deshalb kann in folgendem Satz kräftig gekürzt werden: „Die von uns erzielten Ergebnisse werden zur Lösung der aufgetretenen Probleme führen." *Erzielt* und *aufgetreten* wird gestrichen, zur *Lösung führen* durch ein schlichtes Verb ersetzt: *Unsere Ergebnisse werden die Probleme lösen.* Überflüssig ist: *gemacht* vor Erfahrungen und Aussagen, *getroffen* vor Vereinbarungen und *stattgefunden* vor Besprechung, *näher* vor Einzelheiten und *unverbindlich* vor Preisempfehlung.

Überflüssig ist zudem:

- *im Bereich* des Textes – im Text genügt;
- *auf dem Gebiet* der Psychologie – *in der* Psychologie tut es auch;
- *im Rahmen* – den brauchen Sie nie (Kündigen Sie an, dass Sie Bilder von XYZ zeigen; langweilen Sie nicht mit dem Hinweis, dass Sie die Bilder „im Rahmen" irgendeines Jubiläums zeigen);
- die *Lagerung* des Falls ist kompliziert – lagern Sie guten Wein. Es genügt: Der Fall ist kompliziert;
- die Kosten-, Belegschafts-, Unternehmens*seite* – ohne Seite: die Kosten, die Belegschaft, das Unternehmen.

Probleme mit der Datenverarbeitung sind unerfreulich, aber kein Grund daraus „Probleme *im Bereich* der Datenverarbeitung" zu machen. Es ist schön, wenn Sie *mit* Google *Maps* Ihren Weg finden. *Unter Zuhilfenahme* ist zu lang. Und geht ein Kind nicht gern in die Kita, ändert sich daran nichts, wenn man es in den *vorschulischen Bereich* schickt. Unnötiger Quellstoff sind zudem:

- Adjektive aus dem Phrasen-Repertoire: *rein* oder *nackt* vor Wahrheit, die *brennende* Frage und die *felsenfeste* Überzeugung. Lassen Sie *rein* immer sein. Geben Sie nie *rein* rechnerisch oder *rein* betriebswirtschaftlich zu bedenken.
- Füllwörter wie *bekanntlich, durchaus, eigentlich, gewissermaßen, nämlich,*
- „Vorreiter" wie *leider ist es so, dass ...* (statt *leider), hinzu kommt, dass ...* (statt *zudem)* oder *es ist zweifellos so, dass...* (statt *zweifellos).*

Ein Text ist dann gelungen, wenn nichts mehr gestrichen werden kann. Warum ist es wichtig, Überflüssiges zu streichen? Weil Überflüssiges Wichtiges verdecken und dazu führen kann, dass die Leserinnen und Leser einen Text gelangweilt weglegen. Deshalb kann Streichen eine Wohltat sein. Robert Louis Stevenson, Autor der *Schatzinsel:* „Es gibt nur eine Kunst: das Weglassen!"

Allerdings liegt nicht immer in der Kürze die Würze. Ein Beispiel: „Beide Patienten sind von der Prognose her als günstig einzustufen" – mag ein Arzt einer Kollegin schreiben. Den Patienten sollte er schreiben: „Die Aussichten sind günstig, dass Sie wieder vollständig gesund werden."

„Das Frühstücksbüfet in unserem Hause ist reichlich." Der Satz ist kurz, verständlich – und missraten. Oder würde Ihnen das Wasser im Munde zusammenlaufen, wenn Sie diesen Satz in einem Hotel-Prospekt lesen? Manchmal muss es ein bisschen mehr sein. Vor allem dann, wenn ein Text anschaulich sein soll. Diese Sätze machen Appetit: „Von Aprikosen- bis Zitronenmarmelade: Beim Frühstück werden Sie keine Konfitüre vermissen. Ihr Lieblingskäse und Ihre Lieblingswurst, Rühreier und Spiegeleier, Obst und Müsli – ab 7 Uhr ist alles frisch auf dem Tisch." Oder: „Rühreier und Spiegeleier, Wurst und Käse, Obst und Müsli, gesundes Vollkornbrot und frische Brötchen. Unser Frühstück wird Sie begeistern."

2.2 Das dynamische Wort – Mit Verben Leben in Texte bringen

Blitz und Donner, Freud und Leid, Hunger und Durst, Wut und Zorn sind starke, bildhafte Substantive. Die Bürokratie-Wörter *Verbesserung* und *Wiederherstellung, Beantragung* und *Bearbeitung, Schaffung* und *Beanstandung* nicht.

Substantivitis den Amtsstuben überlassen
In vielen Briefen, Berichten, Ankündigungen und Pressemitteilungen tummeln sich Substantive wie *Senkung* und *Problematisierung* und entziehen Texten Farbe und Leben.

Substantivitis heißt dieses Problem: Verben werden in Hauptwörter umgewandelt (substantiviert). Aus beantragen, bearbeiten, einrichten oder unterstützen wird Beantrag*ung,* Bearbeit*ung,* Einricht*ung* und Unterstütz*ung*. Substantiv folgt auf Substantiv. Das Ergebnis ist ein trockener und schwerfälliger Nominalstil, wie er in Amtsstuben gepflegt wird.

In Jahresberichten wird mitgeteilt: „Wir haben eine Verbesserung der Verbandskommunikation und eine Senkung der Verwaltungskosten vorgenommen." Entschieden weniger steif und dynamischer klingt: „Wir haben die Verbandskommunikation *verbessert* und die Verwaltungskosten *gesenkt*".

Verben sind vor allem dann erste Wahl, wenn Sie unterstreichen wollen: Unser Unternehmen ist dynamisch, unser Verband packt Probleme an, unsere Fraktion tut und erreicht was. Deshalb:

- *Wir fördern* vor allem den Brandschutz. Nicht: Schwerpunkt unserer Förderung ist der Brandschutz.
- *Wir retten* Wale und *engagieren* uns für den Klimaschutz. Statt: Unsere Aufgabe ist das Retten von Walen und das Engagement für den Klimaschutz.

„Ich kam, sah und siegte", soll Cäsar gesagt haben. Dieser Satz lässt sich auch anders formulieren: Nach Erreich*ung* und Besichtig*ung* der hiesigen Örtlichkeiten war mir die Erring*ung* des *Sieges* möglich. – Bloß: Wer hätte das geglaubt?

Mit Verben können wir Farbe und Leben in einen Text bringen, weil wir eine große Wort-Wahl haben. Wir können die Jahresplanung besprechen, diskutieren, erörtern. Wir können sie kritisieren, verwerfen, ablehnen. Und wir können über sie lästern, streiten, klagen, schimpfen, jammern, schmunzeln, jubeln oder brüten. Wir können also mit ausdrucksstarken Verben Sachverhalte und Prozesse treffend und anschaulich beschreiben.

Substantive sind dann angebracht, wenn etwas regelmäßig geschieht: die *Ziehung* der Lottozahlen, die *Leerung* der Mülltonnen. Substantive stehen für Gegenstände und regelmäßige oder gleichförmige Vorgänge. Wird etwas getan, sollte das auch durch ein Tätigkeitswort ausgedrückt werden.

Ungestreckte Verben wählen
Verben machen einen Text allerdings nur dann anschaulich und konkret, wenn sie nicht gestreckt werden. Streckverben machen Texte tröge. Einige Beispiele:

- Beachtung schenken – statt beachten (oder kümmern)
- zum Einsatz kommen – stat teinsetzen
- in Erwägung ziehen – statt überlegen, erwägen
- in Abzug bringen – statt abziehen
- in Zweifel ziehen – statt bezweifeln

Streckverben sollten Sie vor allem deshalb vermeiden, weil sie zu Schachtelsätzen einladen. Ein Beispiel:

> Jürgen Fischer, Inhaber der *E-Cycle GmbH, brachte* gestern in der überfüllten Kantine des Zweigwerkes in Görlitz am Ende der rege besuchten Weihnachtsfeier, die bereits am späten Vormittag mit einem opulenten Büfett begonnen hatte, das – wie schon seit vielen Jahren – vom Feinkostservice *Lecker* aus Bautzen, der ersten Catering-Adresse der Stadt, liebevoll ausgerichtet wurde, seine Freude *zum Ausdruck*, dass im nächsten Jahr dreißig neue Arbeitsplätze geschaffen werden.

Nach 47 Worten erfahren wir, was Herr Fischer *brachte*. In der Zwischenzeit darf gerätselt werden: *Brachte* er seine neue Partnerin mit? *Brachte* er einen Toast auf seine Vertriebsleiterin aus oder alles durcheinander?

Der zweite Teil des Streckverbs steht am Satzende. Die Leserinnen und Leser müssen sich bei solchen Sätzen sehr anstrengen, um die Satzaussage (*zum Ausdruck bringen*) zu erkennen. Diese Zumutung muss nicht sein. Deshalb:

- *können* – statt in der Lage sein,
- *entwickeln* – statt Entwicklung nehmen,
- *informieren* oder *mitteilen* – statt Mitteilung machen und
- *beweisen* – statt unter Beweis stellen.

Der Satz mit Herrn Fischer muss komplett umgebaut werden. Mehr dazu im nächsten Kapitel.

Starke statt blasse Verben
Neben den Streckverben, Fachbegriff *Funktionsverben*, machen blasse Verben Texte steif oder umständlich. Das sind zum einen Verben, die ein überflüssiges Hauptwort im Schlepptau haben. Zum Beispiel: Er *führte* die *Lieferung* pünktlich *aus*. Besser: Er *lieferte* pünktlich. Cem Kalayci *beschäftigte* sich mit der *Verteilung* der Post. Kürzer: Cem Kalayci *verteilte* die Post.
    Das sind zum anderen Verben wie *haben* und *sein* oder *geben*: „Helfen *ist* unser Auftrag." Dynamischer: „Wir *helfen* hier und jetzt." „In Berlin-Friedrichshain *gibt* es viele Bars und Restaurants, die den Anwohnern das Leben schwer machen." Plastischer und kürzer: „Die vielen Bars und Restaurants in Berlin-Friedrichshain *nerven* (*belästigen*) die Anwohner" (oder: *rauben* den Anwohnerinnen den *Schlaf* – ein anschauliches Streckverb).
    Schauen Sie zudem nach einer deutschen Version für Verben, die auf *ieren* enden: *verneinen* statt *negieren*. Prüfen Sie, ob Ihren LeserInnen *absorbieren* und *implizieren* vertraut, ob ihnen *insistieren* und *substituieren* geläufig ist. Schreiben Sie freundlich und alltagsnah: Das ist unser Terminvorschlag – statt: Wir terminieren … Und vermeiden Sie Nonsens wie *plausibilisieren*.

2.3   Das verständliche Wort – Was Du nicht willst, dass man Dir tu' … Fremdwörter und Anglizismen

Lockdown und *Shutdown*. Alle wissen mindestens ungefähr, was gemeint ist. Beim Shutdown *light* sind es schon weniger. *Low-Care-Bett* war Insider-Sprache. Die Neujahrswünsche meines Fitnessstudios waren sicher gut gemeint: „Bleib gesund und positiv". Viele Menschen atmeten auf, wenn ihr Covid-19-Test *negativ* ausfiel. Doch nicht wenige, das ergab eine Untersuchung an der FU

Berlin, irritierte ein solcher Befund: Sie hatten auf ein *positives* Testergebnis gehofft. *Negativ* hat nicht immer die gleiche Bedeutung. Und ärztliche Befunde sollten – wie alle Texte – von denen verstanden werden, die sie lesen sollen. Das gilt auch für Anglizismen. *Outsourcing* zum Beispiel ist ein arbeitsmarktpolitisches Problem und bereitet vielen Menschen Verständnisschwierigkeiten. Das muss nicht sein.

Fach- und Fremdwörter
Wissenschaft kommt nicht ohne Fachbegriffe aus. Wer über Umweltschutz oder Flugzeugbau schreibt auch nicht. Fachtermini sind wichtige Mittel der Präzision. Fach- und Fremdwörter sind kein Problem, wenn sie *verständlich* und *treffend* sind. Sie sind eine gute Wahl, wenn es keine angemessene Übersetzung gibt, zum Beispiel: *Exkursion* und *Psyche*. Oder wenn das deutsche Wort eher skurril ist: *Exhibitionist* statt *Gliedvorzeiger*. Und sie sind nützlich, um Wiederholungen zu vermeiden – wie *Termini* einige Zeilen zuvor.

Kann ein deutsches Wort ohne Präzisionsverlust verwendet werden, sollte man das tun, wenn die Leserinnen und Leser keine Fachleute sind. Ein Kammerjäger mag eine Biologin über *Rattus norvegicus* in der Gemeinde informieren. In einem Text für die Bürgerinnen und Bürger sollte – verständlich und nicht weniger präzise – *Wanderratte* stehen.

Fach*jargon* ist immer eine schlechte Wahl: Er signalisiert lediglich die Zugehörigkeit zu einer Denkschule und erschwert denen das Verständnis, die nicht zur Fach„familie" gehören. Ein Beispiel:

> „Da das Begreifen von Zusammenhängen optimal nur durch tätiges Erproben gewonnen wird, unser Alltag jedoch immer weniger Anlässe gibt, praktische Erfahrungen zu machen, müssen wir in der pädagogischen Arbeit bewusst entwickelte Gelegenheiten zur Förderung, Entfaltung und Differenzierung sinnlicher Aktivitäten bieten."

Der Satz ohne verquasten Fachjargon kommt mit weniger Zeichen aus:

> Zusammenhänge lassen sich nur im praktischen Umgang mit der Umwelt begreifen. Da unser Alltag jedoch immer weniger Anlässe bietet, praktische Erfahrungen zu machen, müssen wir in der pädagogischen Arbeit Möglichkeiten zum Lernen mit allen Sinnen schaffen.

Anglizismen

Genießen Sie Ihren *Smoothie.* Ab und an dürfen Sie sich einen *Kingsize-Burger* gönnen – aber nicht schreiben (und nicht in einer *Frankenfood*-Kette). Mit Anglizismen lassen sich Vorgänge pointiert ausdrücken. Für *Pinkification* gibt kein deutsches Wort, um prägnant auf die geschlechtsspezifische Ausrichtung der Spielwarenproduktion hinzuweisen. Man sollte allerdings nicht voraussetzen, dass *Pinkification* (oder *Upskirting* und *Downsizing*) allgemein bekannt ist.

Anglizismen sind eine gute Wahl, wenn ein griffiges oder treffendes deutsches Wort fehlt: *Job* und *Flop* oder *dealen.* Entwicklungsrichtung ist schwergängig als *Trend.*

Niemand kommt ins Grübeln, ist von *Airbag* oder *Mountainbike* die Rede. Gilt das auch für *Frequent-Flyer?* Und warum sollte es der *Vielflieger* oder die *Vielfliegerin* nicht tun (*zumal es die* Frequent-*Flyerin* nicht gibt)?

Viele Anglizismen sind nicht notwendig, weil es treffende und verständliche deutsche Wörter gibt. Für *Sustainability* oder *Social Corporate Responsibility* zum Beispiel: Nachhaltigkeit und Unternehmensverantwortung. Zerbrechen Sie sich nicht den Kopf, ob es *downgeloadet* oder *gedownloadet* heißt. *Heruntergeladen* ist ebenso treffend wie *nutzerfreundlich* statt *user-friendly.*

Die Güte eines Wortes hängt nicht von seiner Herkunft ab. Entscheidend ist, ob es treffend und verständlich ist (so denkt man auch in den USA, wo Kinder in den *kindergarten* gehen, ein *wunderkind* Traum vieler Eltern ist und der *zeitgeist* bei so manchen *weltschmerz* auslöst).

Wie werden Wörtern aus dem Englischen, Französischen oder Lateinischen ins Deutsche integriert? Die *Duden*-Redaktion gibt folgende Antwort: Bei *Verben* wird eine grammatische Anpassung vorgenommen, wenn sie mit der Infinitivendung -(e)n gebildet werden: *fixen, picknicken, palavern.* Andere Verben werden wie zusammengesetzte deutsche Verben behandelt: *upgraden* und *outsourcen.*

Bei *Substantiven* bleiben fremdsprachliche Pluralformen nur in Ausnahmefällen erhalten, im Allgemeinen werden sie durch einheimische abgelöst: *Filme* (englisch *films*), *Inspekteure* (französisch *inspecteurs*), Triumphe (lateinisch triumphi). Über *Pizzas* (statt *Pizze*), über *Espressos* (statt *Espressi*) oder *Cappuccinos* (*Cappuccini*) rümpfen allerdings manche die Nase.

Ausschlaggebend für den *Artikel* ist das Geschlecht des deutschen Wortes: *das Chanson* (das Lied) oder *die High Society* (die Gesellschaft). Zudem besteht die Tendenz, allen Wörtern mit derselben Endung das gleiche Geschlecht zu geben: *das Happening, das Aquaplaning*, die Garage, die Blamage.

Ich fasse diesen Abschnitt mit einer Schopenhauer-Weisheit zusammen: „Ungewöhnliche Gedanken in gewöhnlichen Worten, das ist die Sache; nicht umgekehrt."

2.4 Das anschauliche Wort – Konkret schreiben

Wenn sich in der städtischen Grünanlage die Flora aufgrund ergiebiger Niederschläge positiv entwickelt, dann haben wir was? Einen scheußlichen Satz. Wenn nach einem Dauerregen im Stadtpark alles blüht, dann freuen wir uns über die Natur und die anschauliche Formulierung.

Diese Varianten derselben Sache zeigen: Man kann mit einfachen Worten einen Sachverhalt treffend beschreiben. Und man kann mit schwergängigen, leblosen Wörtern das Gegenteil erreichen.

Konkrete Wörter sind die bessere Wahl als Behördendeutsch (städtischen Grünanlage) und Oberbegriffe (Flora). Konkrete Wörter sind verständlicher, anschaulicher und kürzer. Je konkreter ein Text ist, desto größer ist die Wahrscheinlichkeit, dass er gelesen wird. Deshalb:

- Bus und Bahn – statt *öffentliche Verkehrsmittel*
- Sonnen- und Windenergie – statt *regenerative Energien*
- Regen und Schnee – statt *Niederschläge*
- Bäume (besser: Tannen und Fichten) – statt *Baumbestand*

Ich klage nicht über den zunehmenden *Kraftfahrzeugverkehr* in Berlin. Mir reicht schon, dass der Autoverkehr zunimmt. Wörter wie *Kraftfahrzeugverkehr, Postwertzeichen* und *Baumbestand* sind weit weg von der Alltagssprache.

Wer Sonnen- und Windenergie sagt, trifft eine Auswahl. Bei einer Pfändung, einem Unfall oder einer Inventur muss alles penibel aufgeführt werden. Doch immer dann, wenn es nicht um Vollständigkeit geht und begriffliche Präzision nicht zwingend ist, gewinnen Texte durch kurze und anschauliche – weil konkrete – Wörter. Schreiben Sie deshalb konkret und alltagsnah:

- Wir sind gut mit *Bus und Bahn* zu erreichen (statt: mit *öffentlichen Verkehrsmitteln*).
- Während der Wanderwoche können Sie am Nachmittag schwimmen und reiten, surfen und golfen oder einfach entspannen (statt: werden viele *Aktivitäten* angeboten).
- Alex ist eifersüchtig (statt: Alex leidet unter *objektgebundener Verlustangst*).

2.5 Das eindeutige Wort – Die Tugend der Zurückhaltung. Pronomen und Abkürzungen

Das im ersten Abschnitt empfohlene kurze Wort ist dann keine gute Wahl, wenn es zu Verständnisschwierigkeiten führt. Eine Eigenschaft von Pronomen und Abkürzungen.

Pronomen
„Kaufen Sie, wenn der Akku schon nach kurzer Zeit wieder leer ist, einen neuen und entsorgen Sie ihn dann fachgerecht." Den neuen Akku? Das Ordnungsamt einer süddeutschen Kleinstadt blamierte sich mit folgendem Schild: „Wenn Ihr Hund einen Haufen hinterlässt, werfen Sie ihn bitte in einen der dafür vorgesehenen Abfallbehälter." Den Hund?

Viele tun sich schwer mit *ihn, seine, dessen* und mit *dieser, jene, letzterer,* mit Personal- und anderen Pronomen – beim Schreiben und beim Lesen: „Von Lebensmittelspenden abhängige Menschen halten sich meist dort auf, wo sie verteilt werden." Wer wird verteilt? Die Menschen oder die Lebensmittel? Fürwörter führen leicht zu Rätseln. Texte sollten informativ sein. Vielen geht es wie Mark Twain: „Rätsel ärgern mich ..., und jedes Mal stimmen sie mich einen Augenblick missmutig gegenüber der Person, die mich vor das Rätsel gestellt hat."

Im Deutschunterricht haben Sie vielleicht gelernt: Wer Wörter wiederholt, hat einen „schlechten Stil". Das ist richtig, denn wir langweilen uns, lesen wir zum Beispiel dreimal hintereinander *machen* oder *schön*. Bei Verben und Adjektiven sollte man sich, wie es in der Schule hieß, um einen „Wechsel im Ausdruck" bemühen.

Diese Empfehlung gilt für Substantive und Personen nur eingeschränkt. Im Johannes-Evangelium heißt es: „Im Anfang war das Wort, und das Wort war bei Gott, und Gott war das Wort." Dreimal *Wort* und zweimal *Gott* in einem Satz. Dieser Satz ist verständlich und eindringlich. Das lässt sich über die folgende „Übersetzung" nicht sagen: „Am Anfang war das Wort. Es befand sich bei Gott, und Letzterer war identisch mit Ersterem."

Letzterer und *Ersterem* führen zu einem holprigen Text. Diese Pronomen erschweren das Textverständnis, wenn gerätselt werden muss, für wen oder was ein Pronomen steht. Jeder Satz kann mehrfach gelesen werden, bis man ihn versteht. Niemand macht das gerne. Verständlichkeit ist ein Gebot der Höflichkeit.

Abkürzungen

Abkürzungen sind nützlich und können lästig sein. Abkürzungen müssen verständlich sein und richtig dosiert werden. Alle haben Verständnis für *ADHS*, wenn Sie über die *Aufmerksamkeits-Defizit-Hyperaktivitäts-Störung* schreiben. Viele Abkürzungen machen das Lesen anstrengend. Vor allem dann, wenn sie für die Leserinnen neu sind und Leser bei einem längeren Text rätseln müssen: Was heißt noch einmal ADHS? Wofür steht NPO?

Abkürzungen müssen eingeführt werden: Zunächst schreibt man den Terminus aus und setzt die Abkürzung dahinter in Klammern. Dann wird nur noch die Abkürzung verwendet.

Allgemein bekannte Abkürzungen – ARD und ZDF, SPD und DGB – werden nicht eingeführt.

Abkürzungen wie *z. B., u. a., d. h., z. T.* ersparen Arbeit, sind aber keine Freude fürs Auge: Viele solcher Abkürzungen erinnern an Schreiben von Finanzämtern oder anderen Behörden. Vermeiden Sie deshalb vor allem in Briefen *o. g.* (Rechnung), *u. g.* (Konto), *v. a., ca.* und anderen Bürokratismus.

Von William Faulkner stammt der Rat, „Schreibe den ersten Satz so, dass der Leser unbedingt auch den zweiten lesen will. Und dann immer so weiter."
  Wie gelingen solche Sätze? Liegt in der Kürze die Würze?
  Kurze Sätze sind meist verständlicher als lange. Doch auch mit wenigen Worten lassen sich scheußliche Sätze schreiben. Und man kann mit der Reihung kurzer Sätze die Leserinnen und Leser langweilen. Es gibt nicht die *richtige* Satzlänge, sondern nur gelungene oder misslungene Sätze. Kurz: Sätze *gelingen,* wenn Sie alle *unnötigen* Wörter *streichen* (Kap. 2) und die *notwendigen* Wörter *lesefreundlich zusammenstellen.*

3.1   Der übersichtliche Satz – Eins nach dem anderen

Es ist erfreulich, mehr als einen Gedanken zu haben. Informations- und Gedankenreichtum sollte angemessen präsentiert werden. *Angemessen* heißt: Nicht alle Gedanken in einen Satz packen, Informationen Schritt für Schritt zu Papier bringen. Noch einmal der Monstersatz aus dem zweiten Kapitel:

> Jürgen Fischer, Inhaber der *E-Cycle GmbH, brachte* gestern in der überfüllten Kantine des Zweigwerkes in Görlitz am Ende der rege besuchten Weihnachtsfeier, die bereits am späten Vormittag mit einem opulenten Büfett begonnen hatte, das – wie schon seit vielen Jahren – vom Feinkostservice *Lecker* aus Bautzen, der ersten Catering-Adresse der Stadt, liebevoll ausgerichtet wurde, seine Freude *zum Ausdruck*, dass im nächsten Jahr dreißig neue Arbeitsplätze geschaffen werden.

© Der/die Autor(en), exklusiv lizenziert durch Springer Fachmedien Wiesbaden GmbH, ein Teil von Springer Nature 2021
N. Franck, *Gekonnt texten*, essentials,
https://doi.org/10.1007/978-3-658-33476-5_3

Wir wären irritiert, würden uns die drei Gänge eines Menüs gleichzeitig auf einem Teller serviert. Beim Lesen begegnet uns dieser Ein-Teller-Service ständig. Man folgt nicht dem Grundsatz, eins nach dem anderen, sondern verschachtelt Informationen und Überlegungen. Die lesefreundliche Alternative:

> Die *E-Cycle GmbH* wird im nächsten Jahr dreißig neue Arbeitsplätze schaffen. Das teilte der Inhaber Jürgen Fischer gestern auf der Weihnachtsfeier des Unternehmens mit, die in der Kantine des Zweigwerkes in Görlitz stattfand. Schon am Vormittag drängten sich dort viele Beschäftigte am opulenten Büfett, liebevoll ausgerichtet von *Lecker* aus Bautzen, der ersten Catering-Adresse der Stadt. Der Feinkostservice arrangiert schon seit vielen Jahren die Weihnachtsfeier der E-Cycle GmbH.

Ich bin ziemlich sicher, dass Sie nicht so sprechen: „Ich ging, weil ich Kopfschmerzen hatte, schon um acht Uhr ins Bett." Ich bin ganz sicher, dass Sie nicht sagen: „Ich ging, weil ich Kopfschmerzen hatte, die wohl Ergebnis von zu viel Rotwein waren, schon um acht Uhr ins Bett."

Viele schreiben allerdings so verschachtelt. *Ein* eingeschobener Nebensatz ist meist kein Problem. Mehrere Nebensätze zwischen dem Hauptsatz sind vor allem dann eine Zumutung, wenn auch die Nebensätze verschachtelt werden – siehe oben.

Es ist unhöflich, Gesprächspartner oder Diskussionsteilnehmerinnen zu unterbrechen. Und es ist unfreundlich, Sätze durch mehrere Nebensätze zu schachteln. Solche Unterbrechungen erschweren das Textverständnis.

Sie erleichtern das Lesen, wenn Sie Informationen portionieren. Sie wecken Leseinteresse, wenn Sie das Wichtigste an den Anfang stellen. Ein Beispiel:

> Der Bund für Umwelt und Naturschutz Deutschland (BUND) veröffentlichte heute in Berlin eine Studie, aus der hervorgeht, dass, anders als von der Lobby der Großindustrie seit Jahren behauptet, weder im Energiesektor noch beim Klimaschutz und auch nicht bei der Minderung von Schadstoffen bahnbrechende Entwicklungen von der Nano-Technologie zu erwarten sind.

Das Wichtigste zuerst und an den richtigen Stellen ein Punkt gemacht:

> Von der Nano-Technologie sind keine bahnbrechenden Entwicklungen zu erwarten. Weder im Energiesektor noch beim Klimaschutz oder bei der Minderung von Schadstoffen. Das geht aus einer Studie hervor, die der Bund für Umwelt und Naturschutz Deutschland (BUND) heute in Berlin veröffentlichte. Die Studienergebnisse widerlegen die Behauptungen, die von der Lobby der Großindustrie seit Jahren aufgestellt werden.

3.2   Der gewichtete Satz – Hauptsache in den Hauptsatz

Was ist in folgendem Satz die Hauptsache? Die Mitarbeiterinnen der IT-Abteilung, die eine neue App entwickelt haben, trinken gerne Bordeaux.

Wenn die Entwicklung einer neuen App wichtiger ist als die Vorliebe für eine Weinsorte, sollte das im Hauptsatz stehen: Die Mitarbeiterinnen der IT-Abteilung entwickelten eine neue App.

Ist die Vorliebe für Bordeaux die Hauptsache, gibt es keinen Grund, in einem eingeschobenen Nebensatz die App-Entwicklung zu erwähnen.

Auch in folgendem Satz steht die Hauptsache im Nebensatz: Die Ministerpräsidentin, die heute ihren Rücktritt im kommenden Herbst angekündigt hat, macht in diesem Sommer Urlaub auf Rügen.

Der angekündigte Rücktritt gehört in den Hauptsatz: Die Ministerpräsidentin kündigte heute ihren Rücktritt im kommenden Herbst an. In diesem Sommer macht sie Urlaub auf Rügen.

Sätze gehen häufig daneben, wenn die Hauptsache nicht im Hauptsatz steht:

Neue Steuerungsmodelle, übergreifende Managementansätze, effizienzsteigernde Organisationsprozesse sind Themen, mit denen sich öffentliche Verwaltungen angesichts des Kostendrucks und der erforderlichen Haushaltssanierung zunehmend beschäftigen.

Der Hauptsatz lautet: „Neue Steuerungsmodelle … sind Themen." Was ist wirklich wichtig? Dass sich die öffentlichen Verwaltungen mit neuen Steuerungsmodellen beschäftigen, weil sie unter Druck stehen.

Texte werden prägnanter und verständlicher, wenn der Satzbau die zentralen Gedanken hervorhebt. Der Ort dafür ist der Hauptsatz: „Öffentliche Verwaltungen beschäftigen sich zunehmend mit neuen Steuerungsmodellen, übergreifenden Managementansätzen und effizienzsteigernden Organisationsprozessen" [Aussage], „weil der Kostendruck gestiegen ist und die Haushalte saniert werden müssen" [Begründung].

Ein Satz ist also dann gelungen, wenn er Ihre Argumentation erkennbar stützt.

Sie vermeiden zudem Klemmkonstruktionen und Substantivierungen, wenn Sie Aussagen in Haupt- und Nebensätze formulieren.

Statt: Frau Dr. Bandt setzte mich über die *Verschiebung* der Teamsitzung schriftlich *in Kenntnis*.

Ohne Substantivitis: Frau Dr. Bandt informierte mich, dass die Teamsitzung verschoben wurde.

Statt: Frau Dr. Bandt verlegte *die für den* 1. April in Köln geplante Sitzung kurzfristig auf den 28. März.

Ohne Klemmkonstruktion: Frau Dr. Bandt verlegte die Sitzung, die ursprünglich für den 1. April geplant war, kurzfristig auf den 28. März.

Statt: *Die von seinem* Vater übernommene Apotheke ließ ihn über zwei Jahrzehnte nicht zur Ruhe kommen.

Ohne Klemmkonstruktion: Die Apotheke, die er von seinem Vater übernommen hatte, ließ ihn über zwei Jahrzehnte nicht zur Ruhe kommen.

In den letzten beiden Überarbeitungen ist ein Nebensatz eingeschoben. Das ist bei wenigen Wörtern kein Problem. Sind es deutlich mehr, sollten der Nebensatz angehängt werden. Ein Nebensatz *vor* dem Hauptsatz ist auch kein Problem – und kann sogar eine gewisse Spannung erzeugen. Zum Beispiel der erste Satz in Kafkas *Die Verwandlung:* „Als Gregor Samsa eines Morgens aus unruhigen Träumen erwachte, fand er sich in seinem Bett zu einem ungeheuren Ungeziefer verwandelt."

Abwechslung im Satzbau ist erwünscht. Umfangreiche Texte werden langweilig, wenn sie nur kurzen Hauptsätzen bestehen oder stets Nebensatz auf Hauptsatz folgt. Abwechslung ist erwünscht – Satzbaurätsel sind es nicht.

3.3   Der geordnete Satz – Wer und was zusammen und nach vorn stellen

Ich beginne mit einer Fehlkonstruktion: Gestern Abend, es schneite nicht mehr, ich hatte die vom Vorstand kurzfristig angeforderte Vorlage am Nachmittag im Sekretariat abgegeben und mich beschwingt auf den Heimweg gemacht, sagte mir Petra, dass sie ein Kind bekommt.

Das Wichtigste steht am Satzende. Satzgegenstand und Satzaussage gehören an den Anfang: Petra bekommt ein Kind – und dann alles Weitere.

Oft stellt sich heraus, dass kräftig gestrichen werden kann: Petra bekommt ein Kind, egal, ob es schneit oder regnet, ob der Vorstand etwas kurzfristig angefordert hat. Leserinnen und Leser wollen bei Sachtexten sofort wissen: Wer macht oder sagt was?

Schreiben Sie deshalb nicht: Ihre Kritik an den Plänen der Schulleitung, die ein Konzept vorgelegt hat, in dem die Digitalisierung des Unterrichts von der ersten Klasse an vorgesehen ist, bekräftige die Elternvertretung in einer Mail an alle Lehrerinnen und Lehrer.

Die Elternvertretung gehört an den Anfang: Die Elternvertretung bekräftigte in einer Mail an alle Lehrerinnen und Lehrer ihre Kritik an dem Konzept der Schulleitung, in dem die Digitalisierung des Unterrichts von der ersten Klasse an vorgesehen ist.

Machen Sie sich zur Schreibmaxime: zunächst Satzgegenstand und Satzaussage, dann alles Weitere. Und sorgen Sie dafür, dass Satzgegenstand und Satzaussage dicht beieinanderstehen.

Statt: Derjenige, der Insekten, die es besonders notwendig haben, weil sie am Ende der Aufmerksamkeitsskala stehen, schützt, hilft auch unseren Vögeln.

Verständlicher: Wer Insekten schützt, die besonders bedroht sind, weil sie am Ende der Aufmerksamkeitsskala stehen, hilft auch unseren Vögeln.

Gekonnt: Wer unseren Vögeln helfen will, muss auch die Insekten schützen, die besonders bedroht sind, weil sie am Ende der Aufmerksamkeitsskala stehen.

Zusammengefasst: Subjekt und Prädikat gehören dicht zusammen und an den Anfang. Sie sind die Lokomotive, die alle weiteren Informationen zieht.

3.4   Der dynamische Satz – Es geht meist aktiv und positiv

Die beste Freundin der Substantivitis (vgl. S. 7) ist das Passiv. Zusammen sind sie ein Nominalstil-Dream-Team. So heißt es zum Beispiel in einer Empfehlung des *Deutschen Bildungsrats:* „Die Finanzier*ung* und Steuer*ung* von Studium und Lehre *ist* in den (Bundes-)Ländern unterschiedlich *geregelt.* In den Ländern *sind* anstelle einer nur rein inkrementalen Fortschreib*ung* der Hochschulhaushalte Verfahren der leistungsbezogenen Mittelverteil*ung getreten.*"

Die beiden Sätze vermitteln eine lebhafte Vorstellung, wie dynamisch es an deutschen Hochschulen zugeht – und unter welchen Texten Studierende leiden. Die Alternative ohne *rein:* Die Bundesländer finanzieren und steuern Studium und Lehre unterschiedlich. Sie haben die inkrementelle Fortschreibung der Hochschulhaushalte aufgegeben und verteilen die Mittel für die Hochschulen leistungsbezogen.

Die *inkrementelle Fortschreibung* muss nicht sein: Die Länder schreiben die Haushalte der Hochschulen nicht mehr kontinuierlich fort, sondern verteilen die Mittel leistungsbezogen.

Das Passiv ist steif und verleitet zu Schachtelsätzen: *Die Werbestrategien* für unsere Gesundheitsprodukte, unser profitabelstes Segment in den arabischen Staaten, in denen wir die höchsten Zuwachsraten erwarten, und für das Kosmetiksegment wurden *grundlegend überarbeitet.*

Aktiv: Wir haben die Werbestrategien für zwei Bereiche grundlegend überarbeitet: Für unsere Kosmetiklinie und für unsere Gesundheitsprodukte, unser profitabelstes Segment in den arabischen Staaten, in denen wir die höchsten Zuwachsraten erwarten.

Schreiben Sie aktiv, spannen Sie die Leserinnen und Leser nicht auf die Folter. Das ist Privileg der *Deutschen Bahn:* „Sehr geehrte Fahrgäste, wir erreichen in Kürze Berlin Hauptbahnhof. Dort *werden* die Anschlusszüge nach Hamburg, Abfahrt 13 Uhr 11, Braunschweig 13 Uhr 27 und Rostock 13 Uhr 34 leider *nicht erreicht.“* Schreiben Sie aktiv und *positiv.* Vermeiden Sie Verneinungen. Sie ersparen sich Schreibarbeit und Ihren Leserinnen und Lesern Verständnisschwierigkeiten, die vor allem bei doppelter Verneinung entstehen. Wir wissen zwar, dass zwei Verneinungen einander aufheben. Doch dieses Wissen hilft uns nicht immer weiter: Wer nicht rechts wählen will, darf nicht AfD wählen. Eindeutiger ist: Wer AfD wählt, wählt rechts.

Komplizierter wird es bei folgendem Satz: Frau Wortmann ist nicht unvermögend. Verfügt Frau Wortmann über bescheidenen Reichtum oder ist *nicht unvermögend* eine ironische Untertreibung? Schreiben Sie deshalb unmissverständlich und kürzer:

- Er unternahm alles … – Nicht: Er ließ *nichts un*versucht …
- Es ist üblich … – Nicht: Es ist so unüblich nicht …
- Alle fünf demokratischen Fraktionen sind koalitionsfähig. – Nicht: Unter den fünf demokratischen Fraktionen ist *keine,* die *nicht* koalitionsfähig wäre.

Und schreiben Sie kurz

- *vergessen* – statt: nicht daran gedacht
- *zu schwach* – statt: nicht stark genug
- *wenige* – statt: nicht viele
- *übersehen* – statt: nicht bemerken
- *unaufmerksam* – statt: nicht aufmerksam.

Das Passiv ist *angebracht,* wenn

- ein Erleiden ausgedrückt werden soll: Ich wurde im Urlaub von Mücken gequält;
- nicht interessiert, wer die handelnde Person ist: Das Museum wird um neun Uhr geöffnet;
- ein Handlungsträger fehlt: In der Gewerbeordnung ist vorgesehen, dass …

3.5   Der gefällige Satz – Substantiv- und andere Ketten ablegen

Gute Texte sind umgeschriebene Texte, habe ich in der Einleitung betont. Mit den vorangegangenen Hinweisen verfügen Sie über Werkzeug, mit dem Ihnen verständliche und anschauliche Satze gelingen. Ich zeige abschließend am Beispiel vier missglückter Sätze, wie mit den Hinweisen zur Wortwahl und zum Satzbau systematisch gearbeitet werden kann.

1   Ich habe bereits in meinem Vermerk vom 10.11. darauf hingewiesen, *dass* die Behauptung nicht zutrifft, *dass* unsere Abteilung die Produktionsverzögerung verursacht habe.

2   Das Bild, *das* im Schaufenster der Galerie hing, *die* wir in Berlin-Mitte neu eröffnet haben, wurde gestern für einen Betrag, *den* wir nie zu erhoffen wagten, an einen Kunden verkauft, *der* darauf beharrte, bar zu zahlen.

3   Eine positive Bilanz der Entwicklung der Unternehmensgewinne *in* den letzten Jahren und der Aussichten *für* 2022 hat die Aufsichtsratsvorsitzende Verena Krieger *am* Freitag *auf* der Bilanzpressekonferenz *im* Hotel Hessischer Hof *in* Frankfurt/Main gezogen.

4   Auf unserer Arbeitstagung stehen drei *Problemkomplexe* im *Mittelpunkt:*

* *Schaffung* von *Transparenz* über das vorhandene *Angebot,* z. B. in Form eines *Stadtteilführers.*
* Die *Zielperspektiven* des offenen *Strafvollzugs* in ihrer jeweiligen *Beziehung* zur finanziellen *Dimension* und zur rechtspolitischen *Diskussion.*
* Was ist, nach der gelungen *Weckung* des *Bewusstseins* für den hohen *Stellenwert* von *Öffentlichkeitsarbeit,* der nächste *Schritt* zur *Erreichung* von klaren *Zielsetzungen* und eindeutigen *Zuständigkeiten?*

Die ersten beiden Sätze sind problemlos zu verstehen. Steif und umständlich sind alle vier. Der Grund: die (hervorgehobenen) Häufungen von

* dass
* rückbezüglichen Fürwörtern: das, die, den, der
* Präpositionen: in, für, am, auf, im
* Substantiven

Es gibt mindestens vier Möglichkeiten, den ersten Satz zu verbessern:

- Zwei Sätze daraus machen: Die Behauptung, dass unsere Abteilung die Produktionsverzögerung verursacht habe, ist unzutreffend. Darauf habe ich bereits in meinem Vermerk vom 10.11. hingewiesen.
- *Die Behauptung* streichen: Ich habe bereits in meinem Vermerk vom 10.11. darauf hingewiesen, dass unsere Abteilung die Produktionsverzögerung nicht verursacht hat.
- Den Satz radikal verändern: Ich habe bereits in einem Vermerk vom 10.11. darauf hingewiesen, dass wir für die Produktionsverzögerung nicht verantwortlich sind.
- Mein Favorit: Wir sind für die Produktionsverzögerung nicht verantwortlich. Darauf habe ich bereits in einem Vermerk vom 10.11. hingewiesen.

Zum zweiten Satz: Vier Fürwörter hintereinander ist wenig elegant. Ein Punkt wirkt wohltuend: Gestern verkauften wir das Bild, das im Schaufenster der neuen Galerie in Berlin-Mitte hing, für einen Betrag, den wir nie zu hoffen wagten. Der Kunde beharrte darauf, bar zu zahlen.

Im dritten Satz muss das Informationsknäuel entwirrt, die Suche nach Satzgegenstand und Satzaussage den Leserinnen und Lesern erspart werden. In dem Satz stecken Informationen für drei Sätze: Positiv beurteilte die Aufsichtsratsvorsitzende Verena Krieger auf einer Bilanzpressekonferenz die Entwicklung der Unternehmensgewinne in den letzten Jahren. Auch für 2022 ist sie zuversichtlich. Die Pressekonferenz fand letzten Freitag (oder: gestern) in Frankfurt/Main statt.

In drei Schritten kann aus dem vierten Beispiel eine vernünftige Einladung werden. Der erste Schritt ist *Pflicht*. Die Schritte zwei und drei sind *Kür*. Zunächst zur Pflicht.

Erster Schritt: aufgeblasene Formulierungen und Substantivierungen ersetzen
Aus den Problem*komplexen* werden Probleme, aus der Ziel*perspektive* und den Ziel*setzungen* Ziele. *In Form eines* Stadtteilführers wird schlicht zu *durch* einen Stadtteilführer. Da Beziehungen immer *jeweilig* sind, kann *jeweilig* entfallen. Die Substantivierungen Schaff*ung*, Weck*ung* und Erreich*ung* werden durch Verben ersetzt.

Damit erhalten wir folgende Fassung: Auf unserer Arbeitstagung stehen folgende Probleme im Mittelpunkt:

1 Wie kann Transparenz über das Angebot geschaffen werden? Durch einen Stadtteilführer?
2 Die Ziele des offenen Strafvollzugs in Beziehung zur finanziellen Dimension und zur rechtspolitischen Diskussion.
3 Es ist gelungen, Bewusstsein zu wecken für den hohen Stellenwert von Öffentlichkeitsarbeit. Was ist nun der nächste Schritt, um klare Ziele und eindeutige Zuständigkeiten zu erreichen?

Nun zur Kür.

Zweiter Schritt: durch mehr Verben Farbe in die Sätze bringen
Auf unserer Arbeitstagung wollen wir drei Probleme klären:

1 Wie kann das Angebot transparent gemacht werden? Durch einen Stadtteilführer?
2 Was soll mit dem offenen Strafvollzug erreicht werden, wie ist er zu finanzieren, was wird in der Rechtspolitik diskutiert?
3 Der hohe Stellenwert von Öffentlichkeitsarbeit ist inzwischen bewusst. Was ist nun zu tun, um klare Ziele und eindeutige Zuständigkeiten zu erreichen?

Dritter Schritt: durch prägnante Verben dem Text den letzten Schliff geben
Auf unserer Arbeitstagung wollen wir drei Probleme klären:

1 Wie machen wir unser Angebot überschaubar? Durch einen Stadtteilführer?
2 Was soll der offene Strafvollzug? Was kostet er? Was wollen die Politikerinnen und Politiker?
3 Alle wissen inzwischen, wie wichtig Öffentlichkeitsarbeit ist. Was können wir nun tun, um klare Ziele und eindeutige Zuständigkeiten zu erreichen?

Klingt Ihnen meine Neufassung nicht *anspruchsvoll* genug? Ich meine, die Arbeitstagung sollte anspruchsvoll sein. Die Einladung soll Interesse wecken, neugierig machen – nicht durch umständliche Formulierungen abschrecken.

Ihrem Tagebuch dürfen Sie alles anvertrauen und beim Schreiben ganz bei sich sein. Gute *Sachtexte* können gelingen, wenn Sie beim Texten die potenziellen Leserinnen vor Augen haben: Was mag sie interessieren, neugierig machen, überzeugen? Was wollen sie wissen – und was nicht? Als PR-Maxime formuliert: Dem Fisch muss der Köder schmecken, nicht dem Angler.

An die Leser denken. Was heißt das praktisch, wenn Sie zum Beispiel beruflich Briefe und E-Mails schreiben oder Online-Texte, Pressemitteilungen, Einladungen und Ankündigungen? Darum geht es im Folgenden. Ich beginne mit Hinweisen zum Anfang und Aufbau von Texten.

4.1 Textanfang, Textaufbau und Überschrift – Interessant statt langweilig

Hauptübel vieler Texte ist ihr Aufbau: Sie beginnen langweilig und das Wichtigste wird (in Schachtelsätzen) versteckt. Vor allem Absenderverliebtheit, Nacherzählungen und die Chronologie verhindern gelungene Texte.

Absenderverliebtheit ist häufig in Pressemitteilungen anzutreffen. Ein Beispiel:

> „Sucht hat immer eine Geschichte" ist das Leitthema der Öffentlichkeitskampagne zur Suchtvorbeugung des Ministeriums für Arbeit, Gesundheit und Soziales des Landes Nordrhein-Westfalen. Mit der Kampagne soll die Bedeutung und Notwendigkeit der suchtvorbeugenden Arbeit in NRW herausgestellt werden. Sucht wird als umfassendes Problem gesehen, bei dem sowohl persönliche, soziale und suchtmittelspezifische Faktoren als mögliche Ursachen einer …"

© Der/die Autor(en), exklusiv lizenziert durch Springer Fachmedien Wiesbaden GmbH, ein Teil von Springer Nature 2021
N. Franck, *Gekonnt texten,* essentials,
https://doi.org/10.1007/978-3-658-33476-5_4

In vielen Selbstdarstellungen paart sich die Absenderverliebtheit mit der *Chronologie* und verdirbt die Freude am Lesen: Der Verein Schuldenfrei e. V. wurde auf Initiative von Herbert Gruhn im Herbst 2001 gegründet. Seit 2002 ist er Mitglied im Paritätischen Wohlfahrtsverband Niedersachsen e. V. In seinem nunmehr zwanzigjährigen Bestehen hat er …
Nacherzählungen sind besonders in Briefen und E-Mails beliebt:

- Wir bestätigen Ihre Anfrage vom 21.03.20.. und unterbreiten Ihnen folgendes Angebot.
- Ihre Bewerbung vom 23.04.20.. ist am 25.04.20.. bei uns eingegangen.

Wie gekonnt anfangen? Noch einmal die Empfehlung von Faulkner: „Schreibe den ersten Satz so, dass der Leser unbedingt auch den zweiten lesen will."

Auf den Anfang kommt es an.
Es ist uninteressant, dass eine *Öffentlichkeitskampagne* ein *Leitthema* hat. Niemand wird neugierig, wenn eine *Kampagne die Bedeutung der Notwendigkeit* herausstellt. Außerhalb des Ministeriums schrecken Texte ab, die nach dem Motto geschrieben sind, das Langweiligste zuerst (zumal, wenn Substantiv an Substantiv gereiht wird).
   Absenderverliebtheit meint: Der Esel nennt sich immer zuerst. Sollen Texte zum Lesen einladen, muss am Anfang stehen, was die Leserinnen und Leser interessieren könnte.
   Ein gelungener Textanfang gibt Antwort auf die Frage, *warum* ist das Thema wichtig? Zum Beispiel deshalb, weil Drogen ein großes gesellschaftliches Problem sind. Oder weil Eltern ihre Kinder vor Drogen schützen möchten.
   Beim Sport müssen Sie sich warm laufen. Texte, die gelesen werden sollen, starten gleich durch, um Interesse und Aufmerksamkeit wecken. Zum Beispiel so:

Bereits Grundschüler greifen zu Medikamenten, die Suchtstoffe enthalten. Fast die Hälfte der Jugendlichen zwischen 12 und 18 nimmt regelmäßig Grippemittel und rund ein Drittel Kopfschmerzmittel. Später folgt der Griff zu Ecstasy und anderen Drogen. Was führt zu dieser Entwicklung? Gibt es Hinweise und Signale, ob ein Jugendlicher suchtgefährdet ist? Wie können Eltern vorbeugen? Was können Lehrerinnen und Lehrer tun?

Nacherzählungen tummeln sich vor allem in Briefen und E-Mails: Bewerberinnen wird mitgeteilt, dass ihre Bewerbung eingegangen ist und wann sie ihre Bewerbung geschrieben haben. Als sei die Antwort auf eine Bewerbung keine Bestätigung, als sei es interessant, ob die Bewerbung vom 21. oder vom

22. März ist. Und wer ein Angebot macht, bestätigt eine entsprechende Anfrage – und muss daher nicht langweilig und wenig freundlich beginnen: *Wir bestätigen Ihre Anfrage vom* ... Mehr zu gewinnenden Briefanfängen im Abschn. 4.5. Die Alternative zur Absenderverliebtheit, Nacherzählung und zur Chronologie: Am Anfang steht das Wichtigste, ein Aufmerksamkeitswecker oder ein Zitat.

- Das *Wichtigste zuerst:* Über achthundert Menschen befreite *Schuldenfrei* im vergangenen Jahr aus der Schuldenfalle.
- *Zitat:* „Wir brauchen ein neues Schuldrecht." Das forderte der Vorsitzende von *Schuldenfrei* auf der Jahrespressekonferenz des Vereins.
- *Aufmerksamkeitswecker:* Immer mehr Deutsche sitzen in der Schuldenfalle.

Was der Aufmerksamkeitswecker verspricht, muss der folgende Text halten. Deshalb: Vorsicht mit Aufmerksamkeitsweckern.

Zusammengefasst: Dramen enden mit dem Höhepunkt und Krimis (meist) mit der Auflösung des Falls. Bei Sachtexten hängt es vom Anfang ab, ob sie gelesen werden. Der Anfang muss stimmen.

Informationen gewichten: Textaufbau
Stimmt der Anfang, geben Ihnen die Leserinnen und Leser einen Vorschuss. Verspielen Sie ihn nicht. Vermeiden Sie eine ungeordnete Faktenhäufung Bauen Sie Ihre Texte klar auf: Auf einen Anfang, der zum Lesen motiviert, folgt die Hauptsache: die wichtigsten Informationen. Danach kommt alles Weitere: Einzelheiten und nähere Umstände.

Ein solcher Textaufbau gelingt Ihnen, wenn Sie sich von der Frage leiten lassen, was interessiert die, die diesen Text lesen sollen? Und wenn Sie auf die Demonstration dessen verzichten, was Sie alles wissen.

Bei der Einschätzung, was die potenziellen Leserinnen interessieren mag, können Sie irren. Das ist menschlich. Entscheidend ist, dass Sie beim Schreiben die Leser im Blick haben. Was diese Maxime für unterschiedliche Textsorten bedeutet, ist Thema der folgenden Abschnitte.

Kurz, informativ und griffig: Überschrift
Die Überschrift rundet den Text ab. Überschriften sind wichtig. Deshalb lohnt sorgfältiges Texten. Eine Überschrift soll Interesse wecken. Aber keine falschen Erwartungen. Sie sollte *kurz, informativ* und *griffig* sein – aber nicht reißerisch. Damit eine Überschrift griffig wird, sind Substantivierungen und das Passiv tabu.

- Nicht: Elternprotest gegen Kitamissstände. Sondern: Eltern protestieren gegen Missstände in Kitas.
- Nicht: Neue Fahrradwege werden von Senioren getestet. Sondern: Senioren testen neue Fahrradwege.

Verzichtet wird auf Artikel und Satzkonstruktionen, die Satzzeichen erfordern.

- Nicht: Eine 90-Jährige knackt den Lotto-Jackpot. Sondern: 90-Jährige knackt Lotto-Jackpot.
- Nicht: Neue App hilft, den Zuckerkonsum zu reduzieren. Sondern: Mit neuer App Zuckerkonsum reduzieren.

Anführungszeichen werden in Überschriften nur bei direkter Rede gesetzt, wenn die oder der Zitierte nicht erwähnt wird:

- „Ministerpräsidentin vernachlässigt Klimaschutz"
- Grüne: Ministerpräsident vernachlässigt Klimaschutz

Mit einer Dach- oder Unterzeile können Sie die Aussagekraft und den Leseanreiz erhöhen:

Dachzeile:	Stadt fördert Tourismus
Überschrift:	**2 Millionen für Werbung beschlossen**

Überschrift:	**Bürgermeister will Musikschule schließen**
Unterzeile:	Eltern wehren sich: Demonstration geplant

Weitere Möglichkeiten, Interesse zu wecken, sind Fragen und die kreative Veränderung bekannter Ausdrücke oder Wörter:

- **Wie bitte?**
  Viele über 70-Jährige klagen über Hörprobleme

- **David gegen Corona**
  Gesundheitsämter sind überfordert

- **Die Menschheit fairsorgen**

Für eine gute Überschrift ist keine Schaumschlägerei erforderlich. Vielmehr kommt es darauf an, das Wichtigste in wenigen anschaulichen Worten zusammenzufassen – einen Text so zu verdichten, dass Leseinteresse geweckt wird.

4.2   Ankündigungen und Einladungen – Den Nutzen hervorheben

Warum kommen Menschen zu einem Vortrag, einer Podiumsdiskussion oder Lesung? Weil sie sich davon etwas versprechen: wichtige Informationen, nützliche Tipps oder interessante Anregungen, Spaß und Freude. Oder aus Neugier, um einen berühmten Schauspieler, die Ministerpräsidentin oder eine bekannte Autorin einmal live zu erleben.

Diese Erwartungen sollten beim Schreiben von Ankündigungen und Einladungen leitend sein. Uninteressant ist meist die Geschichte eines Unternehmens oder Verbands, die Entwicklung eines Projekts, der Rahmen einer Aktion oder Veranstaltung. Ein Beispiel:

> Im Rahmen des Aktionstages „Nein zur Gewalt gegen Frauen", der seit dem 25.11.1981 durchgeführt wird, veranstaltet *Frauen helfen Frauen e. V.* am 24. November im Lesesaal der Stadt- und Regionalbibliothek Cottbus, Berliner Str. 13, eine Diskussionsveranstaltung über Sextourismus. Beginn 19 Uhr 30.

Informiert wird, wann wer in welchem Rahmen eine Diskussionsveranstaltung veranstaltet. Das ist *zunächst* alles langweilig. Was ist interessant? Nicht *dass* eine Diskussionsveranstaltung stattfindet, sondern *was* dort geboten wird, *warum* Sextourismus ein wichtiges Thema ist. Genau dies erfährt man nicht.

Als Regel formuliert: Fangen Sie einen Text nie mit *Am* oder *Im Rahmen* an. Zumal ein Satzanfang mit *Im Rahmen* zumeist zu langen Sätzen im Nominalstil führt.

Einladungen und Ankündigungen sollten Antworten auf sechs Fragen geben:

- Wer lädt ein, veranstaltet, nimmt teil?
- Was erwartet die Besucherinnen und Besucher?
- Wann findet die Veranstaltung statt?
- Wo findet sie statt?
- Wie wird die Veranstaltung ablaufen?
- Warum findet die Veranstaltung statt?

Für eine interessante Ankündigung, eine einladende Einladung müssen diese Informationen gewichtet werden: Was ist für die Zielgruppe wichtig und interessant? Sind die Teilnehmerinnen der Podiumsdiskussion anerkannte Fachleute? Ist das Thema für (Berufs-)Alltag relevant? Ist der Workshop praxisorientiert? Kurz: Der *Nutzwert* muss im Vordergrund stehen. Wird der nicht deutlich, schaue ich nicht in meinen Terminkalender, ob ich an diesem Tag zu jener Uhrzeit an einen bestimmten Ort sein kann. Ein zweites Beispiel:

> Im Rahmen ihrer Veranstaltungsreihe „Kunst ganz nah" zeigt die Kreissparkasse Bautzen, Fritz-Elsas-Straße 146 -148, vom 11. - 24. Februar während der Schalterstunden Lithografien und Aquarelle von Gertrud Kamper. Eröffnet wird die Ausstellung am 11. Februar, 16 Uhr 30.

Die wenigen Zeilen dieser Ankündigung schafft man auch dann, wenn sie so unglücklich aufgebaut ist. Ein längerer Text dieser Art würde die Geduld vieler Leser überstrapazieren. Deshalb muss der Aufbau stimmen: Das Wichtigste gehört an den Anfang. Und der Nutzwert muss deutlich werden.

Was könnte interessieren? Die Lithografien und Aquarelle und die Künstlerin, sofern sie einen Namen hat. Die Ausstellungseröffnung ist interessanter als der Hinweis, dass die Ausstellung während der Schalterstunden zu sehen ist: Vielleicht ist Frau Kamper anwesend und es gibt ein Glas Sekt und Schnittchen. Die Kreissparkasse ist – wenn es um eine große Besucherresonanz geht – uninteressant. Sie nach vorne zu stellen, ist ein klassischer Fehler. Professionell ist folgende Haltung: Interessierte werden es registrieren und zu schätzen wissen, dass die Kreissparkasse sich für Kunst engagiert. Deshalb: Eine Ausstellung mit Lithografien und Aquarelle von Gertrud Kamper Kühn wird am 11. Februar in der Kreissparkasse Bautzen um 16 Uhr 30 eröffnet – und dann alles Weitere.

Ein anderes Beispiel:

> Am 20. und 21. Januar veranstaltet die Volkssolidarität Brandenburg zusammen mit dem Sozialistisch-demokratischen Studierendenverband und der Fachgruppe Soziologie der Wirtschafts- und Sozialwissenschaftlichen Fakultät der Universität Potsdam in den Räumen der Philosophien Fakultät, Am Neuen Palais 10, 14469 Potsdam, eine Konferenz über Antisemitismus und Xenophobie.

Zu erfahren ist, wer wann wo eine Konferenz durchführt. Und am Ende: worum geht. Es fehlt jeder Hinweis, *warum* Antisemitismus und Fremdenfeindlichkeit wichtige Themen sind. Und es wird nicht informiert, *welche Aspekte wie* von *wem* behandelt werden. Die Alternative:

> Antisemitische Übergriffe nehmen zu. Auch in Schulen. Fremdenfeindliche Parolen sind selbst im Landtag und Bundestag Alltag. Was sind die Ursachen für diese Entwicklung? Und was kann gegen diese Entwicklung getan werden?
> Diese Fragen stehen im Mittelpunkt einer Konferenz über Antisemitismus und Fremdenfeindlichkeit. Veranstalter sind die Volkssolidarität Brandenburg, der Sozialistisch-demokratische Studierendenverband und die Fachgruppe Soziologie an der Wirtschafts- und Sozialwissenschaftliche Fakultät der Universität Potsdam.

An zwei Tagen stellen Politikwissenschaftlerinnen, Sozialpädagogen und Lehrerinnen neue Untersuchungen und Konzepte vor, wie im Alltag, im Unterricht und in der Jugendarbeit antisemitischen und fremdenfeindlichen Parolen entgegengetreten werden kann. Die Konzepte werden in Arbeitsgruppen praktisch erprobt.
Die Konferenz beginnt am 20. Januar um 10 Uhr und endet am 21.1. um 17 Uhr.
Veranstaltungsort: Philosophien Fakultät, Am Neuen Palais 10, Potsdam.

Dieser Text ist nicht superoriginell. Die Konferenz ist eine seriöse Veranstaltung. Seriöse Veranstaltungen sollten angemessen angekündigt werden. Seriös muss jedoch nicht langweilig heißen. Ich empfehle keine Werbesprache. Ich empfehle, Texte so aufzubauen, dass die Informationen klar zum Ausdruck kommen, die werbend wirken können.

4.3 Pressemitteilungen – News statt Prosa oder Appelle

Tausende Pressemitteilungen werden jeden Tag verschickt. Die meisten landen in (virtuellen) Papierkörben. Der Grund: Sie enthalten keine brauchbaren Informationen; sie haben keinen Nachrichtenwert, sondern sind Selbstlob, langweilen mit Kommentaren zum Weltgeschehen oder machen plump (Produkt-)Werbung.

Journalistinnen und Redakteure beachten Pressemitteilungen dann, wenn sie den Eindruck haben, die Informationen könnten die Leser ihrer Zeitung, die Hörerinnen ihres Senders interessieren. Prüfen Sie deshalb *vor* dem Schreiben: Ist der Anlass oder das Ereignis wichtig und/oder interessant für Leserinnen oder Zuschauer der Medien, an die eine Pressemitteilung (PM) geschickt werden soll?

Gelingt es, in einem Satz zu formulieren, was die Lesenden oder Hörenden erfahren sollen, stehen die Chancen gut, dass die PM beachtet wird. In diesem Satz darf der PM-Absender, das Unternehmen, die Partei, der Verband, nicht vorkommen. Ein Beispiel: Die Menschen sollen wissen, dass es in der Gemeinde ab kommenden Monat eine Kita geben wird, die 24 Stunden geöffnet ist. Das interessiert Eltern, die in dieser Gemeinde wohnen. Dieses Interesse kann neugierig machen, wer das erreicht oder beschlossen hat. Und erst jetzt kommt der Absender ins Spiel, die Partei ABC oder die Initiative XYZ, der Gemeinderat oder … (vgl. die Hinweise zu Veranstaltungsankündigungen Seite 29).

Auf den Punkt kommen
Die Empfängerinnen von Pressemitteilungen sind Profis, die in der Regel wenig Zeit und mit vielen Mails in ihrem Postfach zu kämpfen haben. Deshalb sollten Sie Redakteuren die Arbeit erleichtern: *verständlich* schreiben und sowohl umfassend als auch kurz und knapp informieren.

Umfassend: Die sechs W-Fragen (vgl. S. 29) werden beantwortet. Eine unvollständige PM bedeutet für die Empfänger Arbeit. Sie müssen die Informationen vervollständigen, wenn sie aus der Mitteilung eine Meldung machen wollten. Dafür nehmen sich Redakteurinnen allenfalls dann Zeit, wenn die Pressemitteilung von einem großen Unternehmen, der Regierung oder anderen wichtigen Personen bzw. Institutionen stammt.

Kurz und knapp: Auf weitschweifige Ausführungen – vor allem auf Eigenlob und Unternehmensprosa, Appelle an die Menschheit oder Verbandslyrik aller Art – verzichten und nicht mit Details langweilen. Eine Pressemitteilung sollte nur in Ausnahmefällen länger als eine Seite sein.

An den Anfang gehört das Wichtigste, der Kern der Mitteilung: wer, was, wann, wo. Dann folgen die Gründe und die näheren Umstände und gegebenenfalls Einzelheiten:

Wer	**Münchner Verkehrsgesellschaft wird Lesepate**
Was, wann,	Ab dem 1. April 20.. wird Kindern täglich in allen Zügen der
wo	Münchner Verkehrsgesellschaft vorgelesen …

Die Überschrift kann für sich stehen. Sie könnte so in den Rundfunknachrichten gesendet werden. Im PM-Text folgen Informationen über das Wie dieser Maßnahme (Uhrzeit, in einem gekennzeichneten Wagen, qualifizierte Ehrenamtliche …) und das Warum (Förderung der Fähigkeit zum Lesen und des Interesses an Literatur).

Pressemitteilungen können um weitere (Hintergrund-)Informationen ergänzt werden, wenn man mehr mitzuteilen hat als auf eine Seite geht. Die PM muss in jedem Falle Extrakt aller weiteren Informationen sein. Die zusätzlichen Informationen sind ein Angebot, kein Freibrief für eine schlechte PM. Wichtige Beschlüsse, imponierende Bilanzen, ein beeindruckender Zuwachs können Anlässe sein, Pressemitteilungen um weitere Informationen (zum Beispiel Zahlen, Statistiken, Grafiken) zu ergänzen. Ein Beispiel: In der PM wird die Essenz eines Beschlusses zusammengefasst:

> Der Senat der Gesamthochschule ABC hat heute beschlossen, die Besoldung der Präsidentin und des Kanzlers der Universität um 25 Prozent zu kürzen. Das eingesparte Geld soll zur Förderung von Queer-Studies eingesetzt werden.

Der vollständige Wortlaut des Beschlusses geht als Anlage zur Pressemitteilung an die Medien. Oder der Beschluss wird nach dieser Zusammenfassung zitiert, wenn er nicht sehr umfangreich ist bzw. sonst nichts Nennenswertes von

der Senatssitzung mitzuteilen ist. Entscheidet man sich für diese Variante, wird folgender Satz vorangestellt: „Der Beschluss des Senats hat folgenden Wortlaut.“
Pressemitteilungen können auf unterschiedliche Weise angelegt werden: Die gesamte PM ist, Variante 1, eine Erklärung der Vorsitzenden, des Geschäftsführers oder einer Expertin. In diesem Fall wird in einem Vorspann der Sachverhalt erläutert, auf den sich die Erklärung bezieht. Ein Beispiel:

Überschrift	**Kinderschutz-Zentrum Genhausen bedroht** **Gemeinderat will Fördermittel kürzen**
Vorspann	*Der Gemeinderat von Genhausen hat beschlossen, die Fördermittel für das Kinderschutz-Zentrum „Zuflucht“ zu streichen. Dazu erklärt Anke Weber, Geschäftsführerin des Kinderschutz-Zentrums:*
Bewertung von Anke Weber	Die Entscheidung des Gemeinderats gefährdet die Existenz des Kinderschutz-Zentrums. Diese Entscheidung bedeutet: Es wird in Zukunft keine kostenlose Beratung und Therapie mehr geben für Kinder, die … Die Entscheidung ist Ausdruck einer …

Variante 2: Die PM wird so formuliert, als sei sie ein Bericht oder eine Meldung:

Kinderschutz-Zentrum Genhausen bedroht
Gemeinderat will Fördermittel kürzen

Der Gemeinderat von Genbach hat beschlossen, die Fördermittel für das Kinderschutz-Zentrum *Zuflucht* zu streichen. Nach Auffassung des Trägervereins des Kinderschutz-Zentrums gefährdet dieser Beschluss die Existenz dieser Einrichtung. Anke Weber, Geschäftsführerin von *Zuflucht*: „Diese Entscheidung bedeutet: Es wird in Zukunft keine kostenlose Beratung und Therapie mehr geben für Kinder, die …“
Weber kritisierte, die Entscheidung sei Ausdruck einer verfehlten Kinder- und Jugendpolitik. Der Magistrat habe …
Anke Weber: „Wir werden …“

Die Variante in direkter Rede ist leichter zu lesen und zu schreiben. Die zweite Variante ist schwerfälliger. Wer sich für die sprachlich elegantere Version entscheidet, setzt darauf, dass Journalistinnen Pressemitteilungen als ein Informations-*angebot* begreifen. Ein Angebot, aus dem sie eine Meldung oder einen Bericht machen. Das ist mit Arbeit verbunden.

Die zweite Variante erleichtert Journalisten die Arbeit, denn sie können die PM direkt als Meldung übernehmen. Es lässt sich nicht eindeutig bestimmen, welche Form vorzuziehen ist. Meine Empfehlung: Prüfen Sie, welche Praxis in den Medien üblich ist, die Sie erreichen (wollen). Entscheiden Sie sich für die zweite Variante, wenn in diesen Medien Redakteure Pressemitteilungen wörtlich übernehmen. Wählen Sie die elegantere Variante, wenn Redakteurinnen diese Praxis ablehnen und Pressemitteilungen nur als Informationsgrundlage verwenden.

In Form sein
Verschicken Sie Pressemitteilungen als E-Mail. Nicht im Anhang, sondern in der Mail. Sie erleichtern Redakteurinnen die Weiterverarbeitung. Redakteure erfreuen Sie zudem, wenn Sie die folgenden zehn Hinweise berücksichtigen:

- Immer erst die Zahl, dann die Währung oder Größenangabe: 60 € (nicht Euro 60,00) oder 77 km (nicht km 77).
- Keine Abkürzungen und Prozent ausschreiben (% allenfalls in Klammern).
- Akademische Grade werden in Zeitungen, Publikumszeitschriften, Radio und Fernsehen nicht genannt.
- Personen werden nur einmal mit Vor- und Zunamen genannt, danach nur noch die Nachnamen; Frau oder Herr wird dem Nachnamen nicht vorangestellt.
- Hervorhebungen nerven Redakteurinnen und Redakteure. Deshalb keine Unterstreichungen oder Versalien, kein halbfett oder kursiv.
- Vereins- oder Verbandsnamen immer ohne „e. V.“
- Fakten statt Adjektive. Was wurde erreicht? Wie groß ist der Zuwachs? Nicht: *hartnäckig* (am Problem drangeblieben), *unermüdlich* (für XYZ eingesetzt).
- Nur bei Veranstaltungsankündigungen ist der Wochentag bei Datumsangaben wichtig.
- Im Text immer das Datum angeben – nicht „heute“ oder „morgen“. Wird die Pressemitteilung von heute am nächsten Tag veröffentlicht, ist heute gestern.
- Datum der Pressemitteilung nicht vergessen und immer eine Ansprechperson mit Telefonnummer nennen.

4.4   Onlinetexte – Netz sein

Schreiben für die Online-Welt ist nicht das ganz Andere, hat jedoch eine Besonderheit: Online-Medien sind keine Medien für Muße und Gelassenheit. Wer sich nicht auf *YouTube* amüsieren oder im Social Web plaudern möchte, sucht Informationen. Die müssen schnell gefunden werden – zumal dann, wenn eine

Userin über eine Suchmaschine auf die Seite kommt und *Google* noch viele weitere Seiten anzeigt. Deshalb sollten Online-Texte verständlich und anschaulich sein. Und sie müssen gut strukturiert sein. Nicht zuletzt deshalb, weil viele Nutzerinnen mobil online gehen und Smartphone-Bildschirme relativ klein sind.

Gelungene Überschriften, interessante Teaser und eine gute Gliederung erhöhen die Chance, dass ein Text gelesen wird.

Nicht kurz, sondern interessant
Im letzten Jahrhundert war die Online-Welt nicht sehr komfortabel. Bezahlbare Bildschirme waren klein, die Bildschirmauflösung schlechter als heute, die Geschwindigkeit ließ zu wünschen übrig und die Flatrate war unbekannt. Aus dieser Zeit stammt die Empfehlung, Online-Texte müssten kurz sein.

Müssen sie nicht. *Gute* Online-Texte werden unterschiedlichen Interessen gerecht: dem User, der einen schnellen Überblick sucht, und der Leserin, die sich ausführlich informieren will.

Online-Texte müssen auch nicht einfacher geschrieben sein als Texte für die analoge Welt, sondern gut. Sie müssen, wenn es sich nicht um ein Unterhaltungsportal handelt, *Informationen* und *Argumente* bieten: Wer unter Neurodermitis leidet, sucht nach Hinweisen, wie man das Leiden loswerden kann. Wer die gesuchten Informationen findet, ist zufrieden und bleibt vielleicht noch eine Weile auf der Seite, um sich über Gesundheitspolitik zu informieren oder über die Ziele der Selbsthilfegruppe oder Forschungseinrichtung, die die Informationen ins Netz gestellt hat.

Wer wissen möchte, warum in Deutschland Frauen in Spitzenpositionen deutlich unterrepräsentiert sind, sucht nach Antworten mit „weil". Die Gleichberechtigung zwischen Mann und Frau ist an der Spitze von großen Unternehmen und Universitäten, in der Politik und bei der Bezahlung nicht die Regel, „weil …". Werden keine Daten und Fakten geboten, sondern Plattitüden, Parolen oder Werbung, ziehen BesucherInnen weiter.

Treffende Überschrift, gekonnter Teaser, klare Struktur
Überschriften sollen für Aufmerksamkeit sorgen, Teaser in den Text hineinziehen und eine klare Struktur die Leser auf der Webseite halten.

Überschrift
Eine gute Überschrift weckt Interesse. Um das zu erreichen, muss sie verständlich sein. Die Leserin will wissen, was sie erwartet. Deshalb sollte die Über-

schrift den Textinhalt pointiert zusammenfassen: Was ist das Neue, Wichtige, Interessante? Oft sind Überschriften die richtige Wahl, die

- eine *relevante Frage* stellen: Wie richtig für das Alter vorsorgen?
- einen *Nutzwert* versprechen: Erkältung wirksam bekämpfen
- *Hintergrundinformationen* ankündigen: Wie werden Impfstoffe getestet?
- Antwort auf die Frage geben, *wer macht (will oder kann) was:* Wer kann die FDP aus ihrem Tief herausführen?

Vermeiden sollten Sie Substantivierungen, Zungenbrecher, Ironie, Wortspiele und Doppeldeutigkeit, Klischees, Abkürzungen sowie Begriffe, die nicht geläufig sind.

Suchmaschinen gewichten Überschriften stärker als den übrigen Text. Deshalb ist es wichtig, dass die zentralen Begriffe dort auftauchen – die Begriffe, nach denen Interessierte suchen. Nur ExpertInnen finden einen Beitrag, der „Apis mellifera bedroht" überschrieben ist. Nur wenige Menschen suchen nach Bienen*volk*sterben. Deshalb: Bienen sind bedroht. Oder: Das Bienensterben hält an. Deshalb: *Kalkschulter* statt *Tendinosis calcarea* in einem Beitrag über Kalkablagerung im Schultergelenk.

Teaser
Teaser sollen Appetit auf mehr wecken, den Textinhalt zusammenfassen – ohne alles vorwegzunehmen. Teaser sollen deutlich machen: Lesen lohnt.

Zwei bis drei Sätze mit rund dreihundert Zeichen sind eine gute Länge, um herauszustellen, welchen Nutzen man von der Lektüre des Textes hat. Vier Empfehlungen:

- *Klarer Satzbau:* kurze Sätze mit einer Aussage pro Satz (vgl. Seite 15);
- *keine Substantivierungen:* den Text schlank halten, damit das Wesentliche deutlich wird (vgl. Seite 7);
- *aktiv formulieren* (vgl. Seite 19);
- auf *Alltagssprache setzen, konkrete Begriffe verwenden: Stadtpark* statt *Städtische* Grünanlage, *Bus* und *Bahn* (vgl. Seite 12).

Im Teaser wird der zentrale Begriff der Überschrift wiederholt, um die Chance zu erhöhen, dass Suchmaschinen den Beitrag finden. Ein Beispiel:

Grüne kritisieren Vorschläge zum Klimaschutz
Die Pläne der Bundesregierung werden den Anforderungen an einen konsequenten
Klimaschutz nicht gerecht. Das kritisierten die *Grünen* …

Aus dem gleichen Grunde sollte im Teaser auf Synonyme verzichtet werden:
Schreiben Sie nicht *Bankenstadt,* wenn *Frankfurt* in der Überschrift steht; bleiben
Sie bei *Dresden,* wechseln Sie nicht zu *Elbflorenz.*

Absätze und Zwischenüberschriften
Web-Texte müssen übersichtlich sein. Nach drei oder vier – überschaubaren –
Sätzen sollte geprüft werden, ob ein *Absatz* sinnvoll ist. Nach zwei oder drei
Absätzen fasst eine *Zwischenüberschrift* zusammen, worum es im Folgenden geht.
Aussagekräftige Zwischenüberschriften halten Leserinnen auf der Seite. Die Leit-
linie beim Texten: die Perspektive der User beachten. Was mag Sie interessieren?

Gekonnt twittern
Lady Gaga folgen rund 83 Mio. Menschen auf *Twitter,* Barack Obama über 127 Mio.
Falscher Ehrgeiz wäre es, mit deren Resonanz mithalten zu wollen. Umgangssprach-
lich gefragt: Was geht?
   Mit 280 Zeichen Informationen verbreiten, die einen Mehrwert bieten. Zum
Beispiel: Die Zusammenfassung einer Untersuchung, Hintergrundinformationen
oder eine originelle Sicht auf Vorgänge, die in der Öffentlichkeit (oder der Zielgruppe) diskutiert werden. Oder persönliche Statements einer Abgeordneten,
eines Verbandschefs usw. Die dürfen nicht peinlich sein. Wann und wo die Pein-
lichkeitsgrenze überschritten wird, hängt vom Absender und der Zielgruppe ab.
   Wer seriös und sachlich twittert, ist auf der sicheren Seite. Seriös und sachlich
muss nicht heißen: steife Verbandssprache oder unverständliches Wissenschaftsdeutsch. Tweets müssen auch dann informativ und verständlich sein, wenn es um
komplizierte Themen geht.
   Eine emotionale Ansprache trägt, sofern angemessen und zielgruppengerecht,
dazu bei, dass Nutzerinnen und Nutzer Inhalte eher verbreiten. Doch nie im Ton
vergreifen. *Un*social Media kommt nicht gut.
   Schließlich sind für den Erfolg von Tweets griffige Hashtags sehr wichtig.

4.5   Briefe und E-Mails – Gekonnt korrespondieren

In den Niederlanden wurde 2019 eine *Direkt Deutlich Brigade* zusammenge-
stellt: Hundert Sprachtrainerinnen sollen die Texte der Behörden verständlicher
machen, Beamten helfen, verständliche Texte zu schreiben. Denn, so das Innen-
ministerium, knapp 15 % der NiederländerInnen verstehen die Behördenbriefe
nicht.

Behördendeutsch ist hierzulande eine Verständnishürde – und färbt ab.
Kombiniert mit Fachjargon oder Wissenschaftsdeutsch entsteht Finsterdeutsch,
das viele Briefe und E-Mails leseunfreundlich macht. Korrespondenz *gelingt* mit
lebendiger Sprache, individueller Ansprache und wenn beim Schreiben *an die
Empfängerinnen und Empfänger gedacht* wird.

Lebendige Sprache
Sprache ist lebendig. Korrespondenz oft nicht. Während alle PC und Smartphone
regelmäßig updaten, halten viele in Briefen hartnäckig an steifen Anreden fest, an
bürokratischen Betreffs und langweiligen „Grußformeln". Dabei sind Briefe nicht
das ganz Andere. Sie werden von Menschen gelesen, die viele Medien nutzen, die
im Leben stehen. Moderne Korrespondenz lässt deshalb Leben in Briefe – in der
Anrede und dem Gruß, im Betreff und PS.

Anrede
Ich sage *Guten Tag,* wenn ich jemanden treffe oder anrufe. Das ist freundlich
und höflich. Ich empfehle diese Alltagsnähe auch für Briefe. *Guten Tag* ist ein
gewinnender Beginn: *Guten Tag Frau Bach* oder: *Guten Tag, liebe Frau Bach.*

Diese Anrede hat zudem zwei Vorteile: Sie können das im Alltag unübliche
Sehr geehrte(r) umgehen und das steife *Sehr geehrte Damen und Herren,* wenn
weder Namen noch Geschlecht der Empfängerinnen und Empfänger bekannt
sind.

Bei der Anrede gibt es kein Entweder-oder. Sie können sich auch für *Guten
Tag sehr geehrter Herr Hoffmann* entscheiden. Ich setze in diesem Fall ein
Komma. *Guten Tag, sehr geehrter Herr Hoffmann.*

Gruß
Sie beenden ein (Telefon-)Gespräch nicht mit:

- *Hochachtungsvoll* – sondern mit: Ein schönes Wochenende.
- *Mit freundlichen Grüßen* – sondern mit: Viele Grüße an Ihren Mann.

- *Beste Grüße* – sondern mit: Ich rufe Sie morgen noch einmal an.
- Ich *verbleibe mit* … – sondern mit: Melde Dich doch bald mal wieder.

Orientieren Sie sich am Sprach-Alltag. Vermeiden Sie „Grußformeln" (*Hochachtungs-voll, mit freundlichen Grüßen* usw.); sie führen zu 08/15-Korrespondenz. Sie können ohne große Mühe *persönlich* grüßen. Geht ein Brief nach Hannover: *Viele Grüße nach Hannover (an die Leine)*. Oder Sie greifen den Slogan auf, mit dem sich die Stadt schmückt: *Viele Grüße in die Messestadt.*

Schicken Sie bei schönem Wetter *sonnige Grüße in den Taunus* oder *aus dem Frankenland*. Sind Sie sicher, Ihr Brief wird montags oder freitags gelesen, wünschen Sie *Einen guten Start in die neue Woche* oder *Ein schönes Wochenende*.

Kurz: Senden Sie *individuelle* Grüße statt Gruß*formeln*. Nutzen Sie die Chance der Individualisierung, wenn ein Brief wichtig ist, wenn es darum geht, Kunden zu gewinnen, Mitglieder und Spenderinnen zu binden oder ein Geschäft anzubahnen.

Betreff

Ich mache eine Anleihe beim Fernsehen. Die *Tagesthemen* oder politische Ma-gazine beginnen oft mit einer kleinen Vorschau, einem *Appetizer*. Etwa so: „Ein-fach mal den Mund halten. Das empfehlen viele Kollegen dem Comedian Dieter Nuhr nach dessen scharfer Kritik an einem Buch, das er nicht gelesen hatte." Erst dann folgt das „Guten Abend, meine Damen und Herren."

Mit einem *Appetizer* kann zum Lesen motiviert werden. *Anmeldebestätigung* ist dagegen ein langweiliger Betreff. *Ihre Programmanforderung* auch. Beide Betreffs missachten ein zentrales Kommunikationsgebot: *Du sollst nicht lang-weilen.*

Der Betreff soll (wie eine Überschrift) den Inhalt zusammenfassen. Diese Funktion lässt Freiheiten. Ein Betreff muss nicht steif und bürokratisch sein. Man kann zum Beispiel, dankt man einer Spenderin, im Betreff schreiben: „Choti sagt danke". Das macht neugierig: Danke wofür? Und wer ist Choti? Im Brief wird die Spenderin darüber informiert, dass ihre Spende über 75 € einem neunjährigen Jungen in Laos ermöglicht, ein halbes Jahr die Grundschule zu besuchen (mehr Betreff-Beispiele auf Seite 41f.).

PS

Früher schrieb man unter den Gruß das, was man im Text vergessen hatte. Heute können Informationen problemlos nachträglich eingefügt werden. Trotzdem sollten Sie auf ein Postskriptum nicht verzichten: Viele Menschen lesen zuerst das PS. Deshalb sollte die Chance genutzt werden, mit einem PS auf Angebote oder Leistungen hinzuweisen, die überzeugen oder Sympathie wecken. Zwei Beispiele:

- Das ist Ihre zwölfte Bestellung. Ein Dutzend Gründe für ein herzliches Danke.
- Am 15.11.20.. eröffnen wir eine neue Filiale in Ihrer Nähe. Kommen Sie doch vorbei und stoßen Sie mit uns an.

Ihrer PS-Kreativität sind keine Grenzen gesetzt.

Individuelle Ansprache
Professionelle Korrespondenz setzt auf individuelle Ansprache; sie kommt ohne Formulierungen „von der Stange" aus, ohne Textbausteine.

Textbausteine sind Ausdruck von Bequemlichkeit; sie stammen zum Teil aus dem vorletzten Jahrhundert, sind aber nicht bewährt, sondern machen Briefe und E-Mails steif und umständlich: Man beginnt – ohne nachzudenken – mit „anliegend übersenden wir Ihnen die gewünschten Informationen". Man verspricht für Fragen, die oft *Rückfragen* sind, *zur Verfügung zu stehen* – und das *jederzeit!*

Ein Briefanfang mit *anliegend* oder *anbei* tut nicht weh und ist nicht falsch. Es gibt keine richtigen oder falschen Briefanfänge. Ein solcher Anfang ist aber eine vertane Chance – zum Beispiel zu *danken* oder sich über Interesse zu *freuen*. Deshalb sollte man es mit Goethe halten, der Faust im Studierzimmer sagen lässt: „Bedenke wohl die erste Zeile, dass deine Feder sich nicht übereile." Für Korrespondenz heißt das: *Überlegen, was möchte ich ausdrücken?* Und was ist *dafür* die passende Formulierung?

Deshalb rate ich ab von: *In der Anlage* (oder anbei) senden wir Ihnen die gewünschten Informationen. Und plädiere für eine freundliche und anlagenfreie Formulierung: *Gerne* senden wir Ihnen Informationen über …

Deshalb empfehle ich: *Vielen Dank* für Ihren Brief. Oder: Über Ihre Mail habe ich mich *gefreut*. Statt einer steifen Eröffnung: *Bezug nehmend* (wir beziehen uns) auf Ihr Schreiben vom …

Dienen Sie dem Guten, Wahren und Schönen, aber schreiben Sie nicht: Ich hoffe, Ihnen mit diesen Informationen *gedient zu haben (dienlich gewesen zu sein)*. Freuen Sie sich, wenn Sie helfen konnten: Ich hoffe, die Informationen helfen Ihnen weiter.

Lassen Sie *dürfen* (darf ich mich für Ihre wertvolle Anregung bedanken) im Textbaustein-Kasten: Ich danke Ihnen für Ihre wertvollen Anregungen. *Erhalten* auch. Wir haben Ihr Schreiben *dankend erhalten*. Ihre Steuerbescheinigung *erhalten* Sie im Februar nächsten Jahres. Besser: Vielen Dank für Ihr Interesse an unserer Arbeit (unseren Dienstleistungen). *Wir* senden *Ihnen* im Februar …

Setzen Sie nicht steif *in Kenntnis,* sondern schreiben Sie freundlich: Bitte beachten Sie, dass ... Bearbeiten Sie Anfragen nicht *wunschgemäß (*wunschgemäß übersenden wir Ihnen ...). Ein wenig Enthusiasmus darf es schon sein (dafür kein *über* vor *senden*): Gerne senden wir Ihnen ...

S*tehen* Sie nicht *zur Verfügung* (zum Beispiel für weitere Fragen). Das führt zu Haltungsschäden. Die 21. Jahrhundert-Formulierungen: Bitte melden Sie sich, wenn Sie noch Fragen haben. Oder: Wir sind gerne für Sie da, wenn Sie noch Fragen haben.

Schließlich: *Verbleiben* Sie nie (zum Beispiel mit der Bitte um Verständnis).

Ein Anwendungsbeispiel für diese Empfehlungen. Zunächst das Original:

Angebot über Schülerbeförderung

Sehr geehrte Damen und Herren,

Bezug nehmend auf Ihr Schreiben vom 09.09.2020 bezüglich der Schülerbeförderungstour für Ihre Heimschule unterbreiten wir Ihnen folgendes Angebot:

morgens 8 km * 3,50 € = 28 €
mittags 8 km * 3,50 € = 28 €

Wir müssten den Schüler morgens zwischen 07:00 und 07:15 von zu Hause abholen und mittags zwischen 16:15 Uhr und 16:30 Uhr wieder an der Heimschule abholen und nach Hause bringen.

Wir hoffen Ihnen hiermit gedient zu haben und würden uns über eine Zusage Ihrerseits sehr freuen.

Für Ihr Bemühen danken wir im Voraus und verbleiben

mit freundlichen Grüßen

Meine Version kommt ohne *Bezug nehmend* und *bezüglich* aus. Ohne *müssen* und *hoffen,* ohne verstaubtes *Ihrerseits.* Der letzte Satz wird ersatzlos gestrichen und der Betreff entkrampft:

Wir fahren gerne für Sie

Guten Tag,

über Ihr Interesse an unserem Fahrdienst haben wir uns gefreut. Gerne machen wir Ihnen folgendes Angebot:

Hin- und Rückfahrt mit je 8 km
Kosten pro km: 3,50 €
Gesamtkosten pro Tag: 56 €

Wir würden den Schüler morgens zwischen 7 Uhr und 7 Uhr 15 abholen und nach-
mittags zwischen 16 Uhr 15 Uhr und 16 Uhr 30 Uhr von der Heimschule sicher
nach Hause bringen.

Bitte melden Sie sich, wenn Sie noch Fragen haben.

Viele Grüße nach …

An die Empfängerinnen und Empfänger denken

Korrespondenz misslingt, wenn *Sachbearbeitung* Regie führt, wenn nicht die
Perspektive der Empfängerinnen und Empfänger beim Schreiben leitend ist. Zwei
Beispiele:

Nebenkosten

Sehr geehrte Frau Niemann,

die Nebenkosten für Ihre Wohnung wurden zum 01.01.2021 von 285 € auf 265 €
geändert.
Sie haben jedoch für die Monate Januar bis Mai noch 285 € bezahlt. Somit ergibt
sich eine Überzahlung in Höhe von 100 €.
Wir bitten Sie, in Zukunft nur noch 265 € zu überweisen und die Überzahlung bei
Ihrer nächsten Zahlung zu verrechnen.
Für Ihr Bemühen danken wir im Voraus und verbleiben

mit freundlichen Grüßen

Jens Bandt
Wohnbau GmbH
Buchhaltung

Die gute Nachricht liest sich wie eine unfreundliche Mahnung: *Wie können Sie
nur zu viel Geld überweisen!* Aus einem Guthaben wird eine *Überzahlung*. Frau
Niemann macht sich gerne die Mühe, künftig nur noch 265 € zu überweisen.
Für diese *Bemühung* muss ihr nicht *im Voraus gedankt* werden (besser wäre das
eigene Bemühen, Frau Niemann 100 € zu überweisen).

Nimmt man die Perspektive von Frau Niemann ein (und verzichtet auf Textbausteine), entsteht ohne große Mühe ein freundlicher Brief:

Eine gute Nachricht

Guten Tag, Frau Niemann,

die Nebenkosten wurden zum 1. Januar 2021 gesenkt: von 285 € auf 265 €.
Von Januar bis Mai haben Sie noch 285 € überwiesen. Daher haben Sie ein Guthaben von 100 €.
Wir bitten Sie, Ihre nächste Überweisung um diesen Betrag zu reduzieren und künftig nur noch 265 € zu überweisen.

Viele Grüße

Fort- und Weiterbildung des Hochschulpersonals

Sehr geehrter Herr Horn,

Sie haben sich im Rahmen des Weiterbildungsangebots für das Personal der Universität für den Kurs
- Gekonnt texten
- am 04. 09. 2021
- von 9.00 Uhr – 16.30 Uhr

angemeldet.
Der Kurs wird wie angekündigt durchgeführt. Bitte finden Sie sich um 9.00 Uhr im Fachbereich Soziologie, Kantstraße 14, Raum 22/14 ein.
Sollten Sie aus einem wichtigen Grund an dem Kurs nicht teilnehmen können, bitte ich um einen kurzen schriftlichen oder telefonischen Hinweis.

Mit freundlichen Grüßen

Zunächst wird Überflüssiges gestrichen: *Fort- und Weiterbildung des Hochschulpersonals* und *im Rahmen des Weiterbildungsangebots für das Personal der Universität.* Zudem muss Herrn Horn nicht noch einmal mitgeteilt werden, dass er sich für den Kurs angemeldet hat.

Der Kurs findet statt. Das ist eine erfreuliche Nachricht für Herrn Horn. Die gute Nachricht kommt in den Betreff.

Einfinden muss man sich vielleicht zum Haftantritt oder zur Einschulung – aber nicht Herr Horn zu einem Kurs.

Sehr geehrter wird durch *Guten Tag* ersetzt. Vor dem Gruß steht ein freundlicher Schlusssatz und der Gruß wird individualisiert.

Eine gute Nachricht

Guten Tag, lieber Kollege Horn,

der Kurs *Gekonnt texten* findet statt.

- Am 4. September 2021
- Von 9 Uhr bis 16 Uhr 30
- Im Raum 22/14 des Fachbereichs Soziologie, Kantstraße 14.

Bitte informieren Sie mich, wenn Sie an dem Kurs nicht teilnehmen können.

Ich wünsche Ihnen anregende Stunden.

Viele Grüße aus dem Hauptgebäude

Korrekt und höflich schreiben: E-Mail
Briefe, die schneller ankommen, sollten nicht schneller, sondern genauso sorgfältig formuliert werden wie analoge Post. Was ist noch zu beachten, um nicht gegen Netz-Etikette zu verstoßen, um professionelle E-Mails auf den Weg zu bringen?

1. *Prüfen, ob die E-Mail wirklich notwendig ist.*
2. *Korrekt schreiben.* Für E-Mails gelten die gleichen Regeln wie für Briefe: Eine höfliche Anrede und ein freundlicher Gruß sind ebenso selbstverständlich wie die Einhaltung der Rechtschreib- und Grammatikregeln. Eine E-Mail mit vielen Tippfehlern ist unhöflich. Abkürzungen, die im privaten Chat üblich sein mögen – zum Beispiel *2moro (morgen)* oder *gr8 (großartig)* – gehören nicht in E-Mails an Kunden und Geschäftspartnerinnen.
3. *Verständlich und präzise schreiben, so kurz wie möglich und so vollständig wie nötig.* Das erspart den Empfängerinnen und Empfängern Nachfragen und vermeidet, dass die Mail im virtuellen Papierkorb landet.
4. *Einen aussagekräftigen Betreff formulieren.* Wer täglich viele Mails erhält und sich vor Viren schützen möchte, entscheidet auch anhand des Betreffs, ob eine E-Mail geöffnet oder ungelesen gelöscht wird.

5. *Sich nicht wichtig machen.* Wer E-Mails häufig *hohe Priorität* zuweist, gilt bald als Wichtigtuer. Hohe Priorität sollte daher die Ausnahme sein.

6. *Sorgfältig mit Anhängen umgehen.* Dateien in Formaten verschicken, die keine Viren übertragen – zum Beispiel PDF. Der Inhalt des Anhangs sollte in der Mail kurz erläutert werden, damit der Empfänger entscheiden kann, ob er den Anhang (sofort oder später) öffnen möchte.

7. *Vertrauliche Daten gehören nicht in eine E-Mail.* Disclaimer, die auf die Vertraulichkeit einer Mail hinweisen, haben rechtlich keinen Nutzen. Man kann also getrost darauf verzichten – und sollte darauf verzichten, wenn der Disclaimer länger ist als der eigentliche Mail-Text.

Für *hausinterne Mails* gilt:

- Nur das schreiben, was man dem Empfänger oder der Empfängerin auch unter vier Augen sagen würde. Und nie mit gleicher Münze heimzahlen.
- Mit Füllwörtern zurückhaltend sein. Schreiben Sie zum Beispiel nicht: „Ich würde *wirklich* gerne wissen, warum dieser Termin nicht eingehalten wurde." Vermeiden Sie Ausrufezeichen, und setzen Sie nie mehr als ein Fragezeichen: *Weiß jemand, wo Herr Flassbarth ist???*
- E-Mails, in denen Konflikte angesprochen werden, nie ohne Zustimmung an Dritte weiterleiten. Und schon gar nicht an einen großen Verteiler.

Vor allem jedoch: Suchen Sie das persönliche Gespräch, greifen Sie zum Telefonhörer. Das schont Ihre Nerven und die Augen.

Gekonnt texten: FAQ

5

Muss ich immer Leser und Leserinnen oder Kundinnen und Kunden schreiben? Wie behebe ich Schreibschwierigkeiten? Was ist beim Schreiben eines Redemanuskripts zu beachten? Im fünften Kapitel geht es um Antworten auf fünf Fragen zum Texten – um ein Leseangebot: Antworten auf die Fragen zu lesen, die auch *Ihre* Fragen sind.

5.1   Wie überwinde ich Schreibhürden?

Gedanken, Ideen, Argumente in eine angemessene sprachliche Form zu bringen, muss geübt werden. Dafür ist es nie zu spät. Wer oft trainiert, kommt schneller voran. Schreiben lernen heißt, sich bewusst damit auseinanderzusetzen, *wie* Sachverhalte dargestellt werden können, *wie* Wissen strukturiert und verständlich aufbereitet werden kann. Der wiederholte Blick in die vorangegangenen Kapitel ist eine zuverlässige Trainingshilfe.

Aus der Not eine Tugend machen
Wer einen Krimi schreiben will, sollte die Erzählperspektiven und den Aufbau eines Plots bei Doris Gercke oder Wolfgang Schorlau studieren. Im Beruf, während des Studiums mangelt es an guten Beispiel-Texten. Wer sich die akademische Pose, Behörden- und Juristendeutsch oder den Jargon von Werbe- oder IT-Fachleuten zum Vorbild nimmt, erschwert sich das Texten und bringt sich um die Chance, Texten zu lernen. Lassen Sie sich deshalb nicht von schlechten Vorbildern beeindrucken.

N. Franck, *Gekonnt texten,* essentials,
https://doi.org/10.1007/978-3-658-33476-5_5

Gute Texte sind umgeschriebene Texte

Fällt es Ihnen schwer, mit dem Schreiben zu beginnen? Das kann daran liegen, dass Sie auf Anhieb *druckreif* schreiben wollen, Texten als ein *Alles-oder-nichts-Unternehmen* betrachten, bei dem nur *ein* Versuch gestattet ist.

Schreiben ist kein Download aus dem Gehirn. Bei Schreibproblemen geht es oft nicht um Formulierungsprobleme, um das Ringen ums Wort, sondern darum, Gedanken zu präzisieren, Informationen und Argumente zu ordnen. Für diesen Zweck ist es hilfreich, Informationen und Argumente zu Papier zu bringen. Dort können sie strukturiert, ergänzt, vertieft oder korrigiert werden.

Ein vorzeigbarer Text ist ein umgeschriebener Text. Die angemessene Form und der treffende Ausdruck gelingen nicht auf Anhieb. Bringen Sie nach dem ersten einen zweiten (und dritten) Entwurf zu Papier, aus dem ein gelungener Text werden kann – und Sie werden das Problem des Anfangs los.

Mit Plan schreiben

Eine große Schreibhürde ist der Frühstart. Zwar können beim Schreiben *die besten Ideen kommen*. Aber diese Ideen brauchen eine Struktur und eine angemessene Form, damit aus ihnen ein gelungener Brief, eine schlüssige Vorlage oder ein präzises Dossier wird. Die besten Ideen ersetzen keine Kriterien, was warum wichtig ist und was nicht.

Deshalb ist es ratsam, zunächst die Kernbotschaft eines Briefes oder einer Einladung zu formulieren. Für längere Texte sind Abstracts eine große Hilfe: Man schreibt für jedes Kapitel eines Berichts oder eines Antrags eine kurze Inhaltsangabe von fünf bis zehn Zeilen: Worum soll es in welcher Reihenfolge in diesem Kapitel gehen? Man gibt sich also vor dem Schreiben eine Regieanweisung: Das will ich jetzt zu Papier bringen. An eigene Anweisungen kann man sich getrost halten.

Mit dem Stoff ringen

Ringen Sie beim Texten mit dem Stoff – nicht mit der Vorstellung, was die Leser von dem Text halten werden. Fragen Sie nicht, wie komme ich mit diesem Text an? Fragen Sie: Wie kann ich die Adressatinnen meiner Bemühungen mit einem verständlichen, informativen und interessanten oder aufschlussreichen Text erfreuen? Versetzen Sie sich in die Rolle des Lesers. Versuchen Sie sich vorzustellen, wie Ihr Text auf die Leserin wirken könnte. Zeigen Sie, dass Sie verständlich argumentieren und anschaulich formulieren können. Und denken Sie daran: Klare und verständliche Worte schwächen Ihre Argumente oder Vorschläge nicht.

Im Gegenteil: Leserinnen und Leser lassen sich durch einen verständlichen Text stärker beeindrucken als durch Texte, die schwer zu verstehen sind.

5.2 Wie nenne ich beide Geschlechter, ohne umständliche Texte zu formulieren?

2011 zogen Österreichs Frauen in die Bundeshymne ein: „Heimat großer Töchter und Söhne" heißt es seitdem in der vierten Zeile. Das Land brach nicht zusammen.

Hierzulande hat sich in der gesprochenen Sprache etwas getan: Kein Landespolitiker und keine Bundespolitikerin spricht nur Männer an, sondern adressiert Bürgerinnen und Bürger. In vielen Texten jedoch kommen Frauen noch immer nicht vor. Gelegentlich mit dem Hinweis entschuldigt, es beeinträchtige die Lesbarkeit und sprachliche Eleganz, würden beide Geschlechter genannt – während Lesbarkeit und Eleganz unter dem Schadstoffkonzentrationszuwachs und der Verkehrsinfrastrukturfinanzierungsgesellschaft selbstverständlich nicht leiden.

Frauen wollen nicht *mit*gemeint sein, sondern angesprochen werden – als Spender*in* und Patient*in*. Ist der *liebe Kunde* eine Kundin, sind Damen unter den *sehr geehrten Herren,* dann ist ein Brief ebenso misslungen wie eine Mitteilung an alle *Mitarbeiter,* in der die Mitarbeiterinnen nicht vorkommen.

Frauen lassen sich auch nicht mehr damit abspeisen, lediglich in der Anrede angesprochen zu werden. Sie wollen auch im Text als *Expertin oder Sponsorin* vorkommen. Deshalb sollte von Managerinnen und Managern die Rede sein.

Es macht wenig Mühe, geschlechtergerecht zu formulieren, ohne die Lesbarkeit zu beeinträchtigen:

- Wechseln Sie, wie in diesem *essential,* zwischen männlichen und weiblichen Bezeichnungen: Der Leser und die Teilnehmerin, die Zuschauerin und der Hörer.
- Das Binnen-I: AdressatInnen oder der Genderstern, den viele staatliche Einrichtungen verwenden: Mitarbeiter*innen (Menschen, die sich weder dem weiblichen noch dem männlichen Geschlecht zuordnen, haben das Recht auf eine geschlechtsneutrale Anrede. Urteilte das Landgericht Frankfurt am Main 2020).
- Ein wenig Fantasie hilft immer: *Freiwillige* sind eine wichtige Stütze der Zivilgesellschaft. (Statt: Der Freiwillige ist eine wichtige Stütze der Zivil-

gesellschaft.) Wir danken *allen,* die uns großzügig mit Spenden unterstützt haben. (Statt: Wir danken allen Spendern, die …) *Die* eine oder der andere.

Geschlechtsneutrale Formulierungen – Reisende, Fachkräfte, Studierende – sind nur zweite Wahl, weil sie in erster Linie männliche Assoziationen hervorrufen. Das Binnen-I hingegen führt dazu, dass häufiger Frauen assoziiert werden. Mehr zum Thema bei Franck 2021.

5.3 Was muss ich beim Schreiben fürs Reden beachten?

„Man muss etwas zu sagen haben, wenn man reden will." Meinte Goethe. *Wie* sagt man, was man zu sagen hat? Viele reden, wie man schreibt – und langweilen. Zuhörerinnen erwarten *Hör-Texte,* Reden, deren Regisseurin die Rhetorik ist. Zuhörer verzichten gerne auf Vorträge, in denen die Grammatik Regie führt, die oberste Instanz der Schriftsprache.

Orientieren Sie sich deshalb an der gesprochenen Sprache (ohne deren Unzulänglichkeiten zu übernehmen). Für diese Orientierung ist ein *ausformuliertes* Manuskript nützlich, das es ermöglicht, eloquent zu formulieren, pointiert zu zitieren und effektvolle Pausen zu planen.

Ein guter *Rede*text ist so geschrieben, dass er verstanden wird und gut gesprochen werden kann. Die Basis sind *konkrete Wörter in schlanken Sätzen* – Themen in den Kapiteln zwei und drei. Im Folgenden geht es um die Kür. Ich konzentriere mich auf die *Rede.* Zum *Vortrag* siehe Franck 2020.

Erfreuen statt verstimmen
Sie können die Zuhörer mit langen, steifen Anreden langweilen und Zuhörerinnen mit der Drohung verschrecken, *ein wenig auszuholen.* Und Sie können ankündigen, *nichts Neues* zu sagen. Oder Sie vermeiden solche Fehleinstiege und erfreuen Ihr Publikum durch Beispiele, Vergleiche und andere Anschaulichmacher:

Analogien
Mit Analogien können Sie einen Sachverhalt veranschaulichen und Zahlen und Zeiträume vorstellbar machen, die unseren Erfahrungshorizont überschreiten:

- Die Covid-19-Impfplanung des Gesundheitsministers ist der BER der Pandemie.

- 50 Mio. Tonnen Elektromüll fielen 2018 auf der Welt an. Das ist das Gewicht von 4950 Eiffeltürmen.

Bilder, Metaphern

Die *Alterspyramide* in Deutschland und ein *Computervirus* sind Probleme – und Metaphern. Bilder und Metaphern können Leben in eine Rede bringen, wenn sie verständlich, treffend und originell sind. Geht es zum Beispiel um die hohe Retouren-Quote im Onlinehandel, kann die Metapher *Achillesferse* des Online-Versandhandels eine Aussage pointieren.

Bilder verblassen und Metaphern sind nicht mehr originell, wenn wir sie sehr oft gelesen oder gehört haben. Zum Beispiel: *Auge des Gesetzes, über den Tellerrand hinaussehen, auf Augenhöhe* und *Licht am Ende des Tunnels.*

Fragen

Fragen stellen eine Beziehung zum Publikum her und erhöhen die Aufmerksamkeit. Leiten Sie deshalb ab und zu Erläuterungen mit einer Frage ein: Aus welchen Gründen scheiterte die Gesundheitspolitik der Regierung? Statt: Die Gesundheitspolitik der Regierung scheiterte aus drei Gründen.

Erwarten Sie eine Antwort von Ihren Zuhörerinnen, sollten Sie das durch eine direkte Ansprache deutlich machen: „*Was meinen Sie:* Welche Gefahren bergen autonome Autos?" – und geben Sie Ihren Zuhörern drei bis vier Sekunden zum Nachdenken. Wollen Sie selbst antworten, lautet die rhetorische Frage: „Welche Gefahren bergen autonome Autos?"

Zahlen und Zitate

Zahlen

Vermeiden Sie Zahlenhäufungen. Zahlen und Statistiken sind für viele Menschen harte Kost. Veranschaulichen Sie Zahlen, da viele sich unter einem qm oder ha nichts vorstellen können. Statt Hektar zum Beispiel Fußballfelder: Täglich wird die Fläche von 90 Fußballfeldern dem Siedlungs- und Straßenbau geopfert.

Bewerten Sie Zahlen. Ist eine Gewinnsteigerung von fünf Prozent viel oder wenig? Das wollen die Zuhörer wissen. Deshalb: Eine Gewinnsteigerung von 5 % ist angesichts der aktuellen Wirtschaftslage eine kleine Sensation.

Verzichten Sie auf Komma-Angaben, runden Sie ab oder auf: Wir haben 1702 neue Kundinnen gewinnen können. Das ist ein Plus von knapp sechs Prozent (statt 5,8). Will Ihr Publikum es genau wissen, nennen Sie zunächst eine runde Zahl: Wir haben einen Gewinn von fast drei Millionen Euro erzielt – um genau zu sein, von 2,987 Mio. Euro. Das ist ein Zuwachs von 11,8 % (statt 11,77 %).

Zitate

Eigene Gedanken sind die Basis jeder guten Rede. Ein treffendes Zitat kann diesen Gedanken Glanz verleihen, sie anschaulicher oder eindringlicher machen. Zitate ersetzen keine eigenen Gedanken. Deshalb sind beim Schreiben einer Rede zunächst die eigenen Gedanken zu skizzieren. Erst dann werden Zitate ausgewählt, die diese Gedanken zum Klingen bringen. Damit Zitate eine Rede wirklich beleben, kommt es auf fünf Punkte an:

- *Treffende Zitate verwenden:* Ein Zitat darf kein Rätsel aufgeben, sondern muss eindeutig sein, soll es die Botschaft einer Rede unterstützen.
- *Zitate sparsam einsetzen:* Die Wirkung treffender Zitate verpufft, werde sie nicht richtig dosiert. Zu viel der guten Zitate ist schlecht. Als Faustregel formuliert: in fünf Minuten nicht mehr als ein Zitat.
- *Zitate einführen:* Zitieren Sie nicht unvermittelt. Formulieren Sie zunächst den Kerngedanken. Illustrieren Sie ihn dann durch ein Zitat: „Ich habe deutlich gemacht, dass wir im letzten Jahr viel über Konzepte diskutiert und wenig getan haben, um die Kommunikation zwischen den Abteilungen zu verbessern. Mit Goethes Faust lässt sich dieses Jahr so bilanzieren: *Grau, teurer Freund, ist alle Theorie.*"
- *Zitate nachbereiten:* Das Zitat muss fortgeführt werden, soll es nicht lediglich als Nachweis literarischer Bildung dienen. Zum Beispiel mit der Aufforderung, nun Taten statt Konzepte in den Mittelpunkt zu stellen.

  Zur Nachbereitung gehört der Quellen-Hinweis. Zitieren Sie beispielsweise Hilary Mantel, sollten Sie ergänzen, dass sie englische Schriftstellerin ist. Auf einem Anglisten-Kongress ist dieser Hinweis überflüssig. Und wer Goethe war, dürfen Sie als bekannt voraussetzen.
- *Keine Rätsel aufgeben:* „Si tacuisses, philosophus mansisses." Sie können kein Latein? Sie mögen nicht vor Rätsel gestellt werden? Dann geht es Ihnen wie vielen Menschen. Bringen Sie deshalb nur dann ein Zitat im Original, wenn Sie sicher sind, dass die ZuhörerInnen lateinisch, französisch oder englisch sprechen. Deshalb: Wenn du geschwiegen hättest, wärst du ein Philosoph geblieben.

Zum guten Schluss

Alles hat ein Ende. Nur manche Rede nicht: Der Redner kündigt an, „ich komme zum Schluss" – und redet munter weiter. Der Schluss muss wirklich der Schluss sein. Und er muss wirken: Halten Sie deshalb die Schlussformulierungen schriftlich fest. Verlassen Sie sich nicht darauf, dass Ihnen spontan ein guter Schluss einfällt. Oft kommt dann nicht mehr heraus als Entschuldigungen (Ja, das war eigentlich schon das Wichtigste), Hoffnungsfloskeln (Ich hoffe, dass ich keine Frage offengelassen habe) oder Einfallslosigkeit: Ich danke Ihnen für Ihre Aufmerksamkeit.

Nehmen wir an, Sie schließen mit einem Zitat von Georg Christoph Lichtenberg: „Ich kann freilich nicht sagen, ob es besser wird, wenn es anders wird; aber so viel kann ich sagen, es muss anders werden, wenn es gut werden soll."

Folgt nach diesem Satz noch eine Nebensächlichkeit, verpufft seine Wirkung – und damit die Wirkung des gesamten Schlusses.

Kür ist eine *Take-home-message,* die das Gesagte auf den Punkt bringt – eine Schlussfolgerung, ein Ausblick, ein Bild, ein Leitgedanke oder ein Motto.

5.4 Wie bringe ich Glanz in meine Texte?

In diesem Abschnitt geht es um die *Kür beim Schreiben.* Um die Frage, wie Sie Glanz in wichtige Texte bringen können (vorausgesetzt Sie haben Zeit, Hand an die erste Fassung zu legen). Sie werden bald die Erfahrung machen, dass es Freude bereitet, Texte durch ein wenig Sprachglanz aufzuwerten. Sieben Sprachglanz-Mittel stelle ich vor.

Kontakt-Stellung: Dieses Stilmittel lenkt die Aufmerksamkeit auf einen zentralen Begriff: Wenn wir mehr in die berufliche Ausbildung investieren, werden wir erfolgreicher sein. *Erfolgreicher* sein heißt, …

Baugleichheit: Sie können Rhythmus in einen Text bringen, indem Sie drei oder vier Sätze oder Satzteile auf die gleiche Art und Weise bauen: Sie können Gesetze umgehen. Sie können Steuern verschwenden. Sie können bei Ihrer Dissertationen schummeln. Ihre Karriere gefährden Sie, wenn Sie ein Kind bekommen.

Wortwiederholung: Sie verstärken die Wirkung einer Aussage, wenn Sie das erste Wort oder die ersten Worte eines Satzes wiederholen: Wir engagieren uns für den Klimaschutz. Wir engagieren uns für den Naturschutz. Wir engagieren uns für fairen Handel. Unsere Maxime: Große Unternehmen tragen große Verantwortung.

Sie können die Worte, die wiederholt werden sollen, auch ans Satzende stellen: Für den Klimaschutz engagieren wir uns. Für den Naturschutz engagieren wir uns. Für fairen Handel …

Über Kreuz: Ein weiteres Glanzmittel sind Satzfolgen, bei denen der zweite Satz(-teil) in der umgekehrten Reihenfolge konstruiert ist: Während sich die Erde erwärmt, erkaltet das soziale Klima in unserem Lande.

Der erste Satzteil kann auch in umgekehrter Reihenfolge aufgegriffen werden: Ich meine, was ich sage, und ich sage, was ich meine.

Klimax: Sie unterstreichen die Bedeutung einer Aussage, indem Sie diese Aussage variieren und dabei immer stärkere Worte gebrauchen oder auf dramatischere Fakten hinweisen: Umweltschutz war zunächst ein Traum weniger Menschen. Umweltschutz wurde zur Hoffnung vieler – und wird heute von allen als unverzichtbar angesehen.

Antiklimax: Den gleichen Effekt erzielen Sie, wenn Sie die Steigerung umkehren: Man kann sich auf Tatsachen verlassen, auf die Wettervorhersage oder die Prognosen der sogenannten Wirtschaftsweisen.

Überraschung: Schließlich können Sie mit *Adverbien* für Aufmerksamkeit sorgen, die im Gegensatz zum Verb stehen: Der Chef des Bauernverbandes lächelte *eisig* über den Vorschlag der Ministerpräsidentin.

5.5   Wo finde ich mehr nützliche Anregungen und Hilfestellungen?

Norbert Franck: Schlüsselkompetenz Kommunikation. Paderborn: Schöningh 2021
Norbert Franck: Schlüsselkompetenzen für den Beruf. Paderborn: Schöningh 2020
Norbert Franck: Professionelle Pressearbeit. Wiesbaden: Springer VS 2019
Norbert Franck: Handbuch Wissenschaftliches Schreiben. Paderborn: Schöningh 2019
Norbert Franck: Erfolgreich mit Spenderinnen und Spendern korrespondieren. Wiesbaden: Springer VS 2017
Norbert Franck: Praxiswissen Presse- und Öffentlichkeitsarbeit. 3. Aufl. Wiesbaden Springer VS 2017

Ob Ihr Text verständlich ist, können Sie auf *leichtlesbar* und *wortliga* prüfen; mit dem *blablameter* lassen sich Phrasen aufspüren.

Besser als das *Word*-Rechtschreibprogramm ist die *Duden*-Textprüfung. Zuverlässig ist auch *LanguageTool*. Mit diesem Programm können Sie zudem die Rechtschreibung in anderen Sprachen prüfen.

www.blablameter.de
https://languagetool.org/
www.leichtlesbar.ch
https://mentor.duden.de
https://wortliga.de/textanalyse/

Vergnüglich: *Die schreckliche deutsche Sprache* von Mark Twain; ich habe ihn mehrfach zitiert. Das Bändchen ist in verschiedenen Ausgaben (auch zweisprachig) erhältlich. Wortungetüme spießt Andreas Neuenkirchen auf: Kann man sagen, muss man aber nicht. Berlin: Dudenverlag 2021.

Was Sie aus diesem *essential* mitnehmen können

Überzeugende Texte gelingen Ihnen dann, wenn Sie den Leserinnen und Lesern keine unnötige Lesearbeit machen, weil Sie Wortmüll entsorgt und gestrichen haben, was gestrichen werden kann. Überzeugende Texte sind lesefreundlich, wenn folgende Gesichtspunkte berücksichtigt sind:

Treffende Worte

- Verständliche und anschauliche Wörter wählen, Silbenschleppzüge und Blähwörter vermeiden.
- Mit starken Verben und konkreten Wörtern alltagsnah formulieren, um Farbe und Leben in Texte zu bringen.
- Zurückhaltung bei Abkürzungen und Pronomen, Fachbegriffen und Fremdwörtern ist eine textbelebende Schreibtugend.

Klarer Satzbau

- Nicht von der Länge, sondern von der Bauweise hängt es ab, ob ein Satz gelingt oder misslingt. Lesefreundliche Sätze entstehen, wenn Gedanken und Informationen Schritt für Schritt zu Papier gebracht werden, wenn jeder Gedanke, zumal ein großer, jede neue Information, zumal eine wichtige, einen eigenen Satz erhält.
- Was wichtig ist, sollte im Hauptsatz stehen; er ist der Ort für zentrale Aussagen.
- Wer (Satzgegenstand) was macht, sagt oder meint (Satzaussage) gehört an den Anfang eines Satzes und dicht zusammen.
- Mit aktiven und positiven Formulierungen lassen sich Schachtelsätze und Verständnisschwierigkeiten vermeiden.

Überzeugende Texte

- Menschen wollen informiert oder unterhalten werden – nicht gelangweilt. Die zentrale Frage beim Texten lautet daher: Was könnte die Leserinnen und Leser interessieren?
- Vom Anfang hängt es ab, ob Texte gelesen werden. Am Anfang muss stehen, was Interesse weckt: das Wichtigste, ein originelles Zitat oder ein Aufmerksamkeitswecker.
- Überschriften sollen Interesse wecken. Das gelingt, wenn sie informativ, kurz und griffig sind.
- Ankündigungen und Einladungen müssen den Nutzen für die Leserinnen und Leser in den Mittelpunkt stellen: Warum lohnt es, zu einer Lesung, einem Vortrag, einer Tagung oder einer Podiumsdiskussion zu gehen?
- Nur die Pressemitteilungen werden beachtet, die einen Nachrichtenwert haben, verständlich und klar gegliedert sind.
- Pressemitteilungen müssen kurz und knapp umfassend informieren.
- Vor dem Schreiben einer Pressemitteilung ist die Kernbotschaft zu formulieren, die für die Leser, Zuhörerinnen oder Zuschauer interessant sein könnte.
- Online-Texte müssen nicht kurz, sondern interessant sein und einen Nutzwert für die Userinnen und User haben.
- Web-Texte brauchen eine treffende Überschrift, einen aufmerksamkeitsstarken Teaser und eine klare Struktur mit überschaubaren Absätzen und informativen Zwischenüberschriften.
- Korrespondenz ist Kommunikation, die gelingen kann, wenn Brief und E-Mails verständlich und freundlich sind.
- Verständliche und freundliche Briefe sind in lebendiger, alltagsnaher Sprache geschrieben.
- Schriftlich kommunizieren heißt: Die Perspektive der Empfängerinnen und Empfänger ist leitend beim Aufbau und Formulieren von Briefen und E-Mails.
- Für professionelle E-Mails gelten die gleichen Regeln wie für Briefe: Eine höfliche Anrede und ein freundlicher Gruß sind ebenso selbstverständlich wie die Einhaltung der Rechtschreib- und Grammatikregeln.

Stichwortverzeichnis

© Der/die Herausgeber bzw. der/die Autor(en), exklusiv lizenziert durch
Springer Fachmedien Wiesbaden GmbH, ein Teil von Springer Nature 2021
N. Franck, *Gekonnt texten,* essentials, https://doi.org/10.1007/978-3-658-33476-5

Printed in the United States
by Baker & Taylor Publisher Services